民法典与身边事儿

（插画版）

王晓增◎编著　戴一宁◎绘

法律出版社
LAW PRESS · CHINA
北京

图书在版编目（CIP）数据

民法典与身边事儿 : 插画版 / 王晓增编著 ; 戴一宁绘 . -- 北京 : 法律出版社 , 2025. -- ISBN 978-7-5197-9778-2

Ⅰ. D923.04

中国国家版本馆 CIP 数据核字第 2025FP6426 号

民法典与身边事儿（插画版）
MINFADIAN YU SHENBIAN SHIER（CHAHUA BAN）

王晓增 编著
戴一宁 绘

策划编辑 冯雨春 朱海波
责任编辑 朱海波 杨雨晴
特约编辑 张 琳
装帧设计 鲍龙卉

出版发行 法律出版社
编辑统筹 法律应用出版分社
责任校对 张翼羽
责任印制 刘晓伟
经　　销 新华书店

开本 A5
印张 10.125　**字数** 200 千
版本 2025 年 2 月第 1 版
印次 2025 年 2 月第 1 次印刷
印刷 保定市中画美凯印刷有限公司

地址：北京市丰台区莲花池西里 7 号（100073）
网址：www.lawpress.com.cn
投稿邮箱：info@lawpress.com.cn
举报盗版邮箱：jbwq@lawpress.com.cn

销售电话：010-83938349
客服电话：010-83938350
咨询电话：010-63939796

书号：ISBN 978-7-5197-9778-2　**定价**：49.80 元

凡购买本社图书，如有印装错误，我社负责退换。电话：010-83938349

序一　让《民法典》走进我们的生活

《民法典》的出台，是中国特色社会主义法律体系达到新高度的重要标志。学习掌握《民法典》基本精神，是实现全民守法的基本前提。要让《民法典》基本精神在全民中入心入脑，出版《民法典》普及读物是一个重要途径。

王晓增女士编著的《民法典与身边事儿》（插画版），采用通俗语言，选辑精品典型案例，配上戴一宁的精美漫画，让深奥的民法理论和知识瞬间变得通俗易懂，直击内心。

这是一本值得中小学生认真阅读的课外读物，它可以让孩子们得到最初的法治启蒙。它也是一本值得基层人民调解员阅读的参考书，它可以帮助他们在调解各种民间纠纷中阐法释理，点拨相关当事人心中的迷雾。它更是一本值得非法律专业人士关注的消遣读物，专业之外，饭后茶余，增添一些生活中的法律常识，避免不必要的烦恼和纠结。

法律并不神秘，它是社会生活的精神凝结。法治建设并不艰难，它就在我们举手投足的生活细节中。只要大家都养成良好的习惯，法治就会在社会中开出五光十色的花朵。

在《民法典与身边事儿》（插画版）出版之际，写出以上几句话，祝福它能成为各位读者的生活伴侣。

杜万华

2024 年 10 月 9 日

（作者系最高人民法院咨询委员会秘书长、二级大法官、民法典编纂工作研究小组副组长，博士研究生导师）

序二　喜读《民法典与身边事儿》

我的同事王晓增女士嘱我为她的新作《民法典与身边事儿》（插画版）写个序。2024年国庆前夕，作者与法律出版社法律应用出版分社社长冯雨春、分社长助理朱海波驱车百公里到我乡下居所，带来了装订成册的作品清样。当我真正沉心阅读进入角色的时候，一种感动和欣喜的心情油然而生，内心也生成了认真写序的冲动。

说起民法典，离不开对在欧洲大陆两部民法典的开创性、奠基性的崇高地位的评价。在欧洲大陆，拿破仑时代创制的《拿破仑法典》，2281条，1804年公布，1807年命名，被奉为“大陆法系”的鼻祖，开创了民事法律的新纪元；1900年，《德国民法典》被西方法学家推崇为德国法律科学的集成，影响到欧洲大陆、日本以及中国。两大民法典成了世界范围内民事立法的重要参照，也是民法学科和民法理论生成的重要渊源。

编纂一部真正属于中国人民的民法典，是新中国几代人的夙愿！党的十八大以来，中国特色社会主义进入新时代。在这一背景下，党的十八届四中全会作出编纂民法典的重大决定。2015年3月，民法典编纂正式启动，由全国人大常委会法工委牵头五家单位共同参与民法典编纂工作。

2020年5月28日，第十三届全国人民代表大会第三次会议表决通过了《中华人民共和国民法典》，这是中国法律制度史上具有划时代意义的重大事件。

2021年1月1日，新通过的《民法典》施行。这一日，在中国民事领域发挥重大作用的9部重要单行法律被废止，这就是婚姻法、继承法、民法通则、收养法、担保法、合同法、物权法、侵权责任法、民法总则。因为这些单行法律，已经融入了《民法典》的体系之中。这当然也是中国依法治国历史上具有划时代意义的重大事件。

让我们重温社会对《民法典》通过和实施的评论："民法典是和谐共生之本，保民惠民之基，强国安邦之器""美好生活，民法典相伴"。

《民法典与身边事儿》（插画版）是学好用好民法典的一本难得的入门作品。在读图时代，该作品图文并茂，精心挑选的案例，深入浅出的文字解读，别出心裁的版式设计，化艰涩为生动，质朴而不简单。第一读者的第一感觉是，既有将自己代入故事中，成为其中的角色、体验他们的情感和经历的"代入感"；也有被带入案例故事发生的某一个场景中的"带入感"。《民法典与身边事儿》（插画版）中的典型案例是作者精心挑选的。每一个案例都像开启了一扇窗口，这是集生活知识和法律知识于一体的生活教科书和法律教科书。知识需要积累，经验可以总结，方法可以借鉴，教训要认真记取。

作者和编辑为了提高作品的附加值，还设置了关键词索引，附上了相关问答与法条内容。可见作者和出版者心系读者，为作品的出版下足功夫。

《民法典》公布四年有余，法律出版社始终践行为人民传播法律的宗旨，更要为没有受过专业法律教育和训练的读者提供好看实用的作品。我从事法律出版工作近 40 年，深知为大众写作和大众出版的困难之处，主要是读者的阅读习惯、阅读需求千差万别，作者和出版者都面临着难以把握的诸多不确定性。本书作者和出版者知难而上，《民法典与身边事儿》（插画版）的出版无疑为社会、为读者提供了学习使用《民法典》的好作品！

真心希望读者能够在阅读中受益。

黄闽

2024年10月8日

（作者系法律出版社原党委书记、社长）

目录

第一编 总则

原则规则 总纲统领

第二编　物权

物归其主　各安其份

第三编　合同

公平交易　诚信为本

第四编　人格权

自由无价　尊严至上

第六编　继承

家族财富　依法传承

第七编　侵权责任

私权神圣　侵权有责

附录 《民法典》问答

一、总则

二、物权

三、合同

四、人格权

五、婚姻家庭

六、继承

七、侵权责任

扫码可查看

《中华人民共和国民法典》

相关司法解释全文＋有关配套规定节录

作为医生，
我该听谁的？
ICU
治不治，
你们争吧~

第一编　总　则

原则规则
总纲统领

1. 购买汽车遭欺诈，隐瞒实情过错大

——新车开回家，发现车身有修理痕迹，

卖家是否构成消费欺诈？

事件再现

老李与某汽车公司签订了一份《汽车销售合同》，老李付了全款，汽车公司交了车。新车交付检查单显示车厢内外部均完好无损；一个月后，老李发现车辆后叶子板油漆有修补痕迹，遂与汽车公司交涉，汽车公司称，因为车辆有瑕疵所以才降价销售的，双方未能达成一致。老李诉至法院，主张退款并赔偿。

裁判要点

被告某汽车公司没有证据证明其交付汽车时对汽车系经过维修的事实向原告履行了告知义务，汽车公司隐瞒了车辆存在瑕疵的事实，属于欺诈行为。原告老李购买汽车系因生活需要自用，双方发生的纠纷适用《消费者权益保护法》。法院依法撤销双方签订的合同，该汽车公司应当承担退货、退还货款并赔偿老李损失的民事责任。

法律分析与提示

消费欺诈，是指一方当事人故意告知对方虚假情况，或者故意隐瞒真实情况，诱使对方当事人作出错误的意思表示。以欺诈手段使对方违背真实意志实施民事法律行为的，受欺诈方有权请求法院或仲裁机构予以撤销。本案中，汽车公司未能举证证明其出售汽车时，已告知老李车辆存在瑕疵。且汽车降价销售是商家常用的促销手段，双方以优惠价格成交不等同于被告已经告知原告商品存在瑕疵。法院推定被告隐瞒了车辆曾补漆修理的情况，致使老李将修过的车辆当作新车购买，汽车公司构成欺诈，故应当承担退货、退还货款及赔偿责任。

为日常生活需要购买汽车，购买者属于消费者，一旦发生纠纷可以适用《消费者权益保护法》。为保护消费者利益，法律对经营者的欺诈行为规定了惩罚性赔偿。因此，在类似高价商品的交易中，经营者和消费者均需要特别谨慎，遵循诚信原则，公平交易。

法条链接

《民法典》第7条，第148条；《消费者权益保护法》第2条，第55条。

2. 夫妻财产莫独断，赠与情人应返还

——夫妻一方把共同财产赠与婚外情人，另一方可以要求返还吗？

事件再现

张三在网上认识一个女网友李四，二人很快见面并发展成情人关系。张三多次背着妻子小赵给李四送礼物和汇款，共计折合人民币21万元。小赵得知后诉至法院，要求李四退还钱款。

裁判要点

夫妻对共同财产有平等的处理权，夫妻一方擅自将共同财产赠与婚外情人，损害了配偶的财产利益，亦违背社会公序良俗。李四取得的赠与财产属于不当利益，应向权利人小赵返还。法院认定赠与无效，判令李四退还相应的钱款。

法律分析与提示

夫妻共同财产是基于法律的规定，因夫妻关系的存在而产生，在夫妻双方未选择其他财产制的情形下，夫妻对共同财产形成共同共有。根据共同共有的一般原理，在婚姻关系存续期间，夫妻共同财产应作为一个不可分割的整体，夫妻对全部共同财产不分份额地共同享有所有权以及平等的处理权。因此，夫妻一方擅自将共同财产赠与他人的行为应为无权处分，在另一方拒绝追认的情况下，赠与行为全部无效。本案中，张三赠与李四的财产均发生在张三与小赵婚姻关系存续期间，其赠与的财产是夫妻共同财产。张三多次向婚外情人赠送财物的行为，没有得到配偶小赵的同意或追认，属于严重损害配偶利益的行为，也违背社会公序良俗。因此法院认定赠与行为无效，李四应当返还相应的财产。

公序良俗包括公共秩序和善良风俗，这一原则体现了法律不仅保护个人利益，同时要维护社会公共利益，我们的行为要遵循这一原则。

法条链接

《民法典》第 8 条，第 153 条，第 985 条，第 1062 条。

3. 牛皮废料随处倒，环境责任跑不掉

——倾倒危险废物，介绍人与行为人应当承担连带赔偿责任吗？

事件再现

北洼皮革厂有大批牛皮废料需要处理，经张三介绍，将牛皮废料转给了李四处置，张三从中获得了介绍费。李四将这些废料倾倒在了水库旁边的空地上，经鉴定，该牛皮废料所含的铬、铜、锌、铅等元素超出规定的浓度限值，属于危险废物。李四非法倾倒上述危险废物，所产生的废水渗透至老孙承包的水库，导致其养殖的鱼、鹅非正常死亡。老孙遂诉至法院，要求皮革厂、李四以及介绍人张三对其损失承担连带赔偿责任。

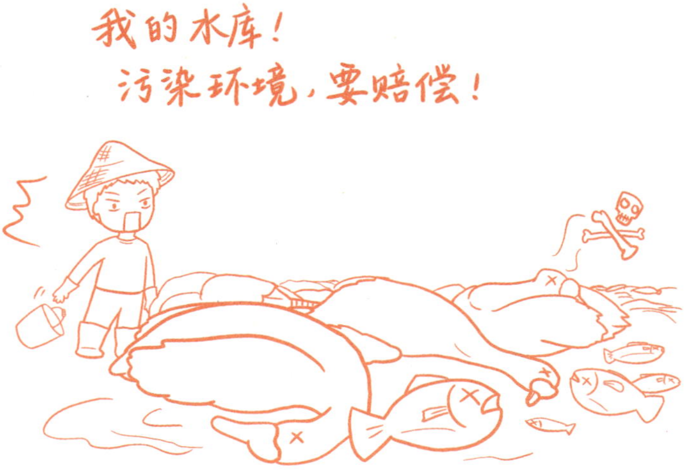

裁判要点

民事主体从事民事活动，应当有利于节约资源、保护生态环境，污染环境、破坏生态造成他人损害的，侵权人应当承担侵权责任。因废物生产者、倾倒人和介绍人构成共同侵权，法院判决三者对老孙的损失承担连带赔偿责任。

法律分析与提示

《民法典》规定的绿色原则贯彻在《民法典》各项具体制度之中，特别是侵权责任编对环境污染和生态破坏民事责任作了详细规定。环境侵权责任作为一种特殊类型的侵权责任，适用无过错责任原则，即无论侵权人是否存在过错，都应当对其污染行为造成的损害承担侵权责任，更何况行为人存在过错。本案中，张三在明知危险废物极有可能被非法倾倒的情况下，仍介绍给李四处置，并从中获利，与危险废物生产者皮革厂、非法倾倒人李四构成共同侵权，故法院判决张三与皮革厂、李四对老孙的损失承担连带赔偿责任。

国家或者地方规定的污染物排放标准，是有关部门征收排污费和进行环境管理的依据，并不是确定排污者是否承担侵权责任的依据。对于生产企业，企业排污即便符合规定的标准，只要给他人造成损害，就可能要承担赔偿责任。经营者应当增强社会责任意识，遵守商业道德，保护环境、生态。

法条链接

《民法典》第 9 条，第 1229 条。

4. 丧偶妻子非单身，辅助生育可成真

——丧偶妻子可以继续实施人工辅助生育吗？

事件再现

小刘与丈夫小孙婚后多年不育，他们决定接受辅助生殖技术帮助，做试管婴儿，在与某医院签署了《知情同意书》等材料后，医院对他们的胚胎进行了冷冻保存。半年后小孙不幸身故，小刘要求医院继续履行医疗服务合同，为其实施胚胎移植手术，医院却以不能为丧偶妇女实施辅助生殖术为由拒绝。为此小刘将该医院诉至法院。

裁判要点

对于丧偶妇女是否可以实施人类辅助生殖技术，法律并无禁止性规定。在丈夫去世后，原告自愿继续实施胚胎移植手术为其生育子女，符合一般的社会伦理道德，理应得到尊重。原告要求某医院继续履行医疗服务合同，进行胚胎移植手术，符合双方合同约定，具备客观履行条件，不违反法律法规禁止性规定及社会公序良俗，应予以准许。法院判决某医院继续履行与原告的医疗服务合同。

法律分析与提示

夫妻双方与医疗机构为接受人类辅助生殖技术所签订的医疗服务合同，在丈夫一方死亡后，并不当然终止。丧偶妇女不等同于一般意义上的“单身”。在不违背丈夫生前意愿且不违反国家政策的前提下，除有确切证据表明胚胎移植将对后代产生严重不利影响外，丧偶妇女有权请求医院依照合同约定继续实施胚胎移植手术。本案中，小刘的要求完全符合法律规定和社会伦理道德，故法院依法予以支持。

人类辅助生育应当依法依规进行，选择具备相应资质的专业服务机构来实施。同时应警惕不法分子利用人类辅助生殖技术从事国家严格禁止的买卖精子、买卖卵子、代孕、伪造和买卖出生医学证明等违法犯罪行为。

法条链接

《民法典》第 8 条，第 509 条；《妇女权益保障法》第 32—33 条。

5. 胎儿利益要保护，抚养费用应支付

——妻子怀孕期间丈夫被撞致残，孩子出生后能否主张肇事者赔偿抚养费？

事件再现

小李步行经过路口时，被张三驾驶的摩托车撞倒，导致小李9级伤残，张三对事故负全责。交通事故发生3个月后，小李的妻子产下儿子小淘。小李将张三诉至法院，要求其赔偿医疗费、残疾赔偿金及其儿子的被抚养人生活费。

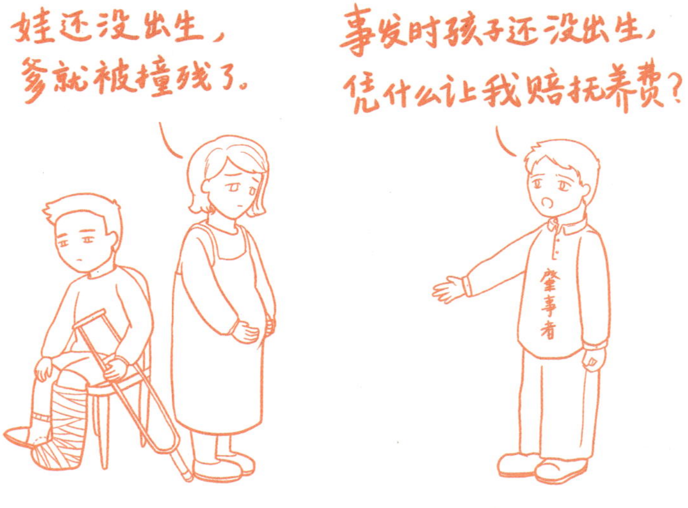

裁判要点

涉及遗产继承、接受赠与等胎儿利益保护的，胎儿视为具有民事权利能力。自然人从出生时起到死亡时止，具有民事权利能力，依法享有民事权利，承担民事义务。事故发生时小淘已是胎儿，故在发生交通事故时，小淘作为小李的被抚养人是可以预见的事实，该项被抚养人生活费损失属于侵权人可以预见的损失范畴。小淘出生后，已经成为小李的实际被抚养人。小李主张被抚养人生活费，于法有据，法院予以支持。

法律分析与提示

《民法典》对胎儿的民事权利能力的保护情形，有“遗产继承、接受赠与”的利益保护规定，并以“等”作了不完全列举。因此，按照保护胎儿利益的原则，可以获得的胎儿利益除了明确列举的遗产继承、接受赠与外，还包括人身利益请求权。即出生后的婴儿，对于怀孕期间自身或父母受到的损害，享有损害赔偿请求权或抚养费请求权。本案中，小淘的父亲受到人身损害，小淘享有抚养费请求权，由于其不具备民事行为能力，该抚养费请求权由其监护人小李代为行使。

自然人的权利能力始于出生，终于死亡。为了更全面地保护胎儿的利益，法律赋予胎儿在遗产继承、接受赠与以及请求支付抚养费等方面享有部分民事权利能力，但其前提是胎儿能够顺利出生，即“娩出时为活体”，如果胎儿娩出时未活，则其民事权利能力自始不存在。

法条链接

《民法典》第 13 条，第 16 条，第 1155 条。

6. 夫妻分居孩谁抚？不满两岁应随母

——对于不满两周岁的幼儿，夫妻分居期间的监护权应当如何行使？

事件再现

小刘和小吴婚后育有一女小贝，小贝6个月时父母开始分居，小贝随母亲小刘在城镇生活。后来，小贝的父亲小吴和祖母老张未经小刘允许擅自将小贝带到农村，此时小贝不满两岁，小刘多次要求探望均被拒绝。小刘因长期未能探望女儿，遂以监护权被侵犯为由提起诉讼，请求判令小吴和老张将小贝送回，并由自己依法继续行使对小贝的监护权。

裁判要点

夫妻双方平等享有对未成年子女的抚养、教育和保护的权利，共同承担相应的义务。本案中，小吴和老张的行为不仅不利于未成年人身心健康，也构成对小刘因履行监护职责所产生的权利的侵害。为最大限度地保护未成年子女利益，参照“离婚后，不满两周岁的子女，以由母亲直接抚养为原则”的规定，法院判决小贝暂由小刘直接抚养，小吴可探望小贝，小刘对小吴探望小贝应当给予协助配合。

法律分析与提示

离婚后，不满两周岁的子女，以由母亲直接抚养为原则。夫妻分居期间的子女监护纠纷，应参照适用上述离婚后子女抚养规定，暂时直接抚养未成年子女的一方有协助对方履行监护职责的义务。本案中，小贝不满两周岁，小吴和老张擅自将其带走是对其身心健康的伤害，也是对小刘监护权的侵害。法院依法判决小贝由母亲直接抚养，同时允许父亲探望以及母亲有协助配合义务，体现了法律对未成年人的保护和兼顾家庭关系的平衡。

尽管父母对孩子均有平等的监护权，但监护权的具体行使应符合最有利于被监护人的原则。如果双方当事人正处于矛盾较易激化的分居状态，子女监护权的行使也应当以最大限度保护未成年子女的利益为原则进行处理。

法条链接

《民法典》第 34 条，第 1058 条，第 1084 条，第 1086 条；《未成年人保护法》第 4 条，第 24 条。

7. 遗弃婴儿罪难逃，监护资格被撤销

——父母遗弃婴儿，是否可以撤销其监护人资格？

事件再现

小张生育一女婴（私生，无法确认其生父）后将女婴遗弃在垃圾箱内，后女婴被发现并由福利院抚养。小张因犯遗弃罪被判刑。因小张一直不履行抚养义务，其近亲属亦无抚养意愿，福利院遂申请撤销小张的监护人资格，并申请由福利院作为女婴的监护人。

裁判要点

监护人实施严重损害被监护人身心健康行为的，人民法院应当根据有关个人或组织的申请，撤销其监护资格，按照最有利于被监护人的原则依法指定监护人。小张的遗弃行为严重损害了被监护人的身心健康和合法权益，法院支持福利院的申请，依法撤销小张的监护人资格，指定福利院为婴儿的监护人。

法律分析与提示

父母是未成年子女的法定监护人，有保护被监护人身体健康、照顾其生活、管理保护其财产的义务。本案中，小张遗弃婴儿，严重损害婴儿健康，置婴儿生死于不顾，已经构成遗弃罪。福利院是抚养孤儿和残疾儿童的社会服务机构，能够解决婴儿医疗、保护、教育等问题，福利院申请撤销监护人资格并申请指定自己作为监护人，符合法律规定，故法院予以支持。

儿童成长需要监护人呵护，而实践中监护人严重侵害被监护人权益的行为经常发生。如父母外出打工，将年龄尚幼的孩子独自留在家里，使其生活处于危困状态；有的父母有吸毒、赌博等恶习，孩子遭遇性侵、虐待、暴力伤害等。发生这些情况，有关个人或居委会、村委会、民政部门、妇联等组织可以向法院申请撤销监护人资格，安排必要的临时监护措施，并依法为其指定监护人。同时，撤销监护人资格后，不能免除其抚养、扶养或者赡养被监护人的法定义务。

法条链接

《民法典》第 36 条，第 37 条；《刑法》第 261 条。

8. 网络成瘾游戏热，家长商家共尽责

——12 岁的孩子进行大额游戏充值，父母可以追回充值款吗？

事件再现

12 岁的小淘用母亲淘妈的手机号和身份证号在一款游戏软件里注册了账号，放假期间，小淘沉迷游戏，多次偷偷给游戏充值，总共近万元。淘妈发现后，向游戏公司提出小淘是限制民事行为能力的未成年人，家长对充值行为不予认可，要求游戏公司退款，但游戏公司认为其主张不符合退款条件。淘妈遂作为小淘的法定代理人诉至法院，要求游戏公司退还充值款。

裁判要点

8周岁以上的未成年人，属于限制民事行为能力人，其充值行为需经过监护人同意或追认。如果充值行为未经监护人同意或追认且与未成年人的年龄、智力不相适应，监护人可以要求返还。综合考虑原告和被告双方的行为能力、过错程度和损失情况，法院判定游戏公司返还一部分充值款。

法律分析与提示

当无民事行为能力或者限制民事行为能力的未成年人在游戏里大额充值时，家长可以提供相关证据，依法向游戏公司要求退还。本案中，小淘冒用淘妈的身份注册游戏账号，并多次大额充值，对小淘的充值行为淘妈皆不予追认，但淘妈对小淘疏于管束，存在一定过错。游戏公司未对注册人提供的身份信息与本人核对，对未成年人冒充他人注册账号并多次充值预防监管不利，亦具有过错。所以法院对原告的诉讼请求予以部分支持。

未成年人给游戏充值和网络打赏的情况比较多见，虽然法律规定未成年人的充值、打赏行为是否有效取决于其年龄和智力状况，但在实践中家长经常遭遇退款难的窘境。如果游戏账号用成年人身份证号实名认证注册，并使用密码支付，游戏公司往往以不能证明充值是未成年人所为而拒绝退款。所以家长要加强对孩子使用网络的引导和监督，同时网络服务提供者应当以更加审慎的态度，采取更加严密的技术措施，防范未成年人不当行为的发生。

法条链接

《民法典》第19条，第157条。

9. 年老糊涂又多病，监护事宜先搞定

——怎样确定无民事行为能力人的监护人？

事件再现

老林的老伴早年已去世，现在老林患上阿尔茨海默病等疾病，住进了医院。在病房外，医生向老林的四个子女大林、二林、三林和小林说明了病情并就救治方案征求家属意见，四个人各执己见，让医生很是为难。鉴于就老人监护事宜存在争议，大林便向法院申请指定其为监护人，但其他弟妹也主张自己最适于担任老人的监护人。大林说自己长期与老人同住，二林、三林、小林称他们也没少看护老人。

裁判要点

无民事行为能力或者限制民事行为能力的成年人，由其有监护能力的近亲属按顺序担任监护人，法院应按照最有利于被监护人的原则在依法具有监护资格的人中指定监护人。本案中，各方当事人均有资格争取担任父亲的监护人。大林与父亲长期共同生活，履行监护职责最为便利，结合照顾现状、交通条件等情况，法院判决指定大林担任老林的监护人，令其每月向二林、三林、小林报告上一月度老林的财产管理及监护情况。

法律分析与提示

正常情况下，成年子女都有资格担任无民事行为能力或者限制民事行为能力父母的监护人，对监护人的确定有争议的，可以向居委会、村委会或民政部门申请指定监护人，也可以直接向人民法院申请指定监护人。当事人申请后，法院依据《民事诉讼法》规定的特别程序进行审理，按照最有利于被监护人的原则，在依法具有监护人资格的人中确定监护人。本案中，老林的四个子女都有资格作为监护人，因大林长期与老林共同生活，管理照顾老林的日常起居和财产，双方相处融洽，故法院按照最有利于被监护人的原则，指定大林为监护人，并要求其依法履职，每月报告财务管理和监护情况，接受老人其他子女的监督。

为防止监护人相互推诿，及时保障被监护人权益，法院依法指定的监护人一般为一人；若经审查，数人共同监护更有利于保障被监护人权益的，法院也可以指定数人共同监护。

法条链接

《民法典》第27—31条；《民事诉讼法》第198—201条。

10. 人财业务不分开，公司债务要连带

——关联公司故意损害债权人利益，其对于外部债务应当承担连带责任吗？

事件再现

老张和老李共同出资先后成立了大川公司和大路公司，后老张之妻小张作为大股东成立了大江公司。这三家公司经营的业务几乎相同，老张一人兼任三家公司的总经理。大创公司陆续与这三家公司均有业务往来，在第三家公司大江公司成立后不久，三家公司共同向大创公司发出说明函，要求将三家公司与大创公司发生的所有债权债务均归入大江公司名下。后因大江公司拖欠大创公司货款，大创公司以三家公司人格混同为由诉至法院，要求三家公司承担连带责任。

裁判要点

关联公司的人员、业务、财务交叉或混同，导致各自财产无法区分，丧失独立人格的构成人格混同。关联公司人格混同，严重损害债权人利益的，关联公司相互之间对外部债务承担连带责任。本案三家公司之间人员、业务、财务等表征人格因素高度混同，导致各自财产无法区分，已丧失独立人格，构成人格混同。依法判决三家公司对原告的债务承担连带清偿责任。

法律分析与提示

公司的独立人格主要体现在财产独立上，公司的财产独立也是其作为法人独立承担责任的物质保障，当关联公司的财产无法区分时，便丧失了独立承担责任的基础。本案中，三家公司虽然是独立进行工商登记的企业法人，但实际上彼此之间的界限不清，三家公司将所有的债务归结到无力偿债的大江公司一家名下，使得其他公司逃避债务，严重损害债权人大创公司的合法权益。这一行为违背了法人制度设立的宗旨和诚实信用原则，所以法院判决支持原告诉讼请求。

公司法赋予法人独立地位和股东承担有限责任，正常情况下，在公司资不抵债时，不涉及股东个人及其家庭财产。但如果公司股东滥用公司法人独立地位和股东有限责任，损害公司债权人利益，则适用“法人人格否认”规则，即否认法人独立地位，突破股东有限责任，由股东对公司债务承担连带责任。如果关联公司之间人格混同，则横向否认法人独立地位，关联公司之间要承担连带责任。

法条链接

《民法典》第 83 条；《公司法》第 23 条。

11. 个人信息侵不得，非法买卖要追责

——大规模非法买卖个人信息，应当承担什么责任？

事件再现

张三想挣快钱，他通过从网络购买、互换得到了4万余条含姓名、电话号码、电子邮箱等内容的个人信息，然后通过微信、QQ等方式把这些信息卖给李四。李四获取相关信息后用于虚假的外汇业务推广。人民检察院作为公益诉讼起诉人，认为张三未经他人许可，在互联网上公然非法买卖、提供个人信息，严重侵害社会众多不特定主体的个人信息权益，致使社会公共利益受到侵害，据此提起民事公益诉讼。要求被告支付公共利益损害赔偿款并向社会公众赔礼道歉。

裁判要点

任何组织或者个人需要获取他人个人信息的，应当依法取得并确保信息安全，不得非法收集、使用、加工、传输他人个人信息，不得非法买卖、提供或者公开他人个人信息。被告张三在未取得众多不特定自然人同意的情况下，非法获取不特定主体的个人信息，又非法出售牟利，侵害了承载在不特定社会主体个人信息之上的公共信息安全利益。判决张三按照侵权行为所获利益支付公共利益损害赔偿款，并向社会公众赔礼道歉。

法律分析与提示

自然人的个人信息，是指以电子或者其他方式记录的能够单独或者与其他信息结合识别自然人个人身份的各种信息，包括但不限于自然人的姓名、出生日期、身份证号码、个人生物识别信息、住址、电话号码等。我国法律规定了其他民事主体对自然人个人信息的保护义务，如有违反，应当依法承担民事责任、行政责任甚至刑事责任。本案中，被告张三非法获取他人个人信息又非法出售牟利，严重侵害社会公共信息安全利益，为此人民检察院依法提起公益诉讼，法院依法作出判决。

我国立法高度重视对于自然人个人信息的保护，除《民法典》外，《个人信息保护法》《网络安全法》《消费者权益保护法》《商业银行法》《医师法》《居民身份证法》等多部法律，都从不同角度对各自领域的个人信息保护作了规定。

法条链接

《民法典》第111条；《个人信息保护法》第4条，第10条。

12. 见义勇为遭溺亡，受益之人来补偿

——见义勇为施救他人遭受损害，受益人应当给予赔偿吗？

事件再现

小李与小刘等在江边一起散步，二人因琐事发生争执，小刘情绪激动，跳入江中，小李跳江施救，小刘获救，小李不幸溺亡。后小李的父母以小刘等人为被告诉至法院，请求判令小刘等承担赔偿责任。

裁判要点

因保护他人民事权益使自己受到损害，没有侵权人、侵权人逃逸或者无力承担民事责任，受害人请求补偿的，受益人应当给予适当补偿。本案中，小李在没有法定或者约定义务的前提下，下水救助小刘而不幸溺亡，属于见义勇为。小刘系主动跳水，本案没有侵权人，综合考虑小李救助行为及所起的作用、原告受损情况等，判令小刘给予小李父母适当经济补偿。

法律分析与提示

为了救助他人而使自己受到损害，本该由侵权人承担责任，但当没有侵权人或者侵权人逃逸以及侵权人无力承担民事责任时，受害人请求受益人补偿的，受益人应当给予适当补偿。本案中，小李见义勇为下水救助小刘，不幸溺亡。小刘因发生争执情绪激动主动跳水，本案没有侵权人，小刘作为受益人应当给予适当补偿。

在日常生活中，为保护他人民事权益而使自己受到损害的情况时有发生。为鼓励和支持见义勇为者的高尚行为，除上述法律规定外，对见义勇为者，政府将给予褒扬奖励，一些地方还设有见义勇为基金，其目的是在一定程度上弥补见义勇为者所受到的损害。

法条链接

《民法典》第 183 条。

13. 借款未约还款期，诉讼时效另行计

——借条未约定还款日期，债务人“玩儿失踪”就可以不还钱了吗？

事件再现

小张向小李借款5万元，并给小李出具了一张借条，但没有约定还款时间。借钱之后，小李多次催要，小张均表示暂时没钱，等有钱再还，后来小张就失联了，小李到处打听也未得知其下落。3年后，小李才发现了小张，便将其诉至法院，要求其偿还借款本息。小张承认借款事实，但他主张案件已经超过诉讼时效，小李的诉讼请求不应得到法院支持。

裁判要点

当事人未约定还款期限，且事后也未就还款期限达成补充协议的，应视为不定期借款。借款人可以随时返还借款，出借人也有权向借款人发出催告,要求其在合理期限内返还借款。此种情形下，借款人以超出诉讼时效为由进行抗辩，法院不予支持。小张与小李之间的借贷关系没有约定还款期限，属于不定期借款，小李有权要求小张还款，小张以超出诉讼时效为由进行抗辩，于法无据。小张应当偿还小李的借款。

法律分析与提示

未约定还款期限的借款是不定期借款，诉讼时效期间并非从借款之日起计算，而是从债权人要求债务人履行义务的宽限期届满之日起计算。本案中，小张给小李出具的借条没有约定还款期限，属于不定期借款，小李可以随时要求小张还款，但应当给小张必要合理的准备时间，合理期限届满之日为出借人小李请求借款人小张偿还借款的宽限期届满之日，诉讼时效则从宽限期届满之日起算。而双方没有约定宽限期，小李也一直没有放弃债权，诉讼时效未起算，自借款日起也未超过 20 年保护期，被告小张以该借款已超过诉讼时效为由进行抗辩不能成立。

在现实生活中，民间借贷纠纷频发，其中不少是因为借款时双方约定不明或者债权人未及时追索造成的。虽然借款未约定还款期限且多年未还款或未追讨，并不必然意味着诉讼时效已过，但是，为了避免给讨债增加困难，债权人在借贷过程中，仍应当注意借贷手续齐全，留存借据和相关凭证，并及时主张权利。

法条链接

《民法典》第 188 条，第 511 条，第 675 条。

买了底层，
我要拆改窗户，
开个小门脸！
食品店
欢迎
不要侵占公共空间！
物业

第二编 物权

物归其主
各安其份

14. 祖宅地下藏宝物，私有财产归原主

——老宅地基下挖出祖辈埋藏的“宝物”，应当归谁所有？

事件再现

王氏祖辈都在某市东街居住，听老辈人说，老宅地基下埋藏着古钱币。两年前，东街地片要拆迁，王氏向居委会和拆迁办反映了自家祖宅地下有“宝物”的情况，但没有得到重视。后该地片拆迁，工作人员发现了地下埋藏的古钱币，市博物馆对这些古钱币进行了挖掘、清理、收藏。经鉴定，这些古钱币是清代晚期至民国期间的钱币，为机制铜元，属一般可移动文物。王氏向博物馆索要被拒，遂诉至法院，请求判令博物馆返还古钱币。

裁判要点

法律规定属于国家所有的文物，属于国家所有。公民法人对于挖掘、发现的埋藏物、隐藏物，如果能够证明其所有，而且根据现行的法律、政策又可以归其所有的，应当予以保护。本案有证据证明古钱币属王氏祖父所埋，属有主文物，法院认定王氏依法可以继承并合法占用，判决博物馆将古钱币返还王氏。

法律分析与提示

虽然文物属于限制流通物，但埋藏或隐藏于公民祖宅且能够基本证明属于其祖产的埋藏物，在无法律明文规定禁止其拥有的情况下，应当判定属于公民私人财产，其所有权受法律保护。本案中，根据王氏提供的证据，可以认定古钱币属王氏祖父所埋，属有主文物，故法院支持了王氏的诉讼请求。

我国境内地下遗存的文物一般推定为国家所有，但并非我国境内所有情形下的文物均归国家所有。私人所有的祖传文物受法律保护，主张对文物拥有权利者须提供相应的证据进行证明。法律既保护国家文物所有权，也保护私人文物所有权。

法条链接

《民法典》第 253 条；《文物保护法》第 5—7 条。

15. 买卖房屋细思量，一房二卖要提防

——遭遇“一房二卖”，应当如何应对？

事件再现

小张欲将其所有的房屋出卖给小李，双方签订了《房屋买卖合同》，小李支付了全部房款。因房价看涨，小张又通过中介公司将上述房屋卖给小王，小王也支付了全部房款，并且小张将房屋交付给了小王，但尚未办理房屋过户登记。后小李要求小张交房、过户，双方发生纠纷，小李将小张起诉至法院。小王作为第三人要求小张办理房屋过户手续。

裁判要点

在“一房二卖”的情况下，两个买受人签订的合同均为有效，均已支付全款，均未办理房屋产权过户登记，已经实际占有房屋的买受人优先获得保护。本案实际占有房屋的买受人小王优先得到保护，被告小张应协助小王办理房屋的产权变更登记手续。同时，被告小张违反诚信原则和合同约定，对小李构成合同违约，应当承担违约赔偿责任。

法律分析与提示

出现“一房二卖”纠纷，如果两份合同均有效且买受人均要求履行合同的，法院一般按照已经办理房屋所有权变更登记、合法占有房屋以及合同履行情况、买卖合同成立先后等顺序确定权利保护顺位。本案中，小李和小王与小张分别签订的房屋买卖合同均合法有效，应受法律保护，二买受人均要求继续履行合同，此时应根据合同的履行程度确定保护顺序。二买受人均已付全部房款，均未办理房屋过户登记，但小王已实际合法占有房屋，且主观上不存在恶意，所以小王依法取得该房屋的所有权。小李有权向小张主张退还购房款并赔偿损失。

当房价看涨时，要警惕一房多卖的情况，购房时要注意审查房屋是否有出售记录，及时办理房屋产权变更手续。如果出卖人一房多卖，导致房屋买卖合同的目的不能实现，买方可以请求解除合同，返还已付购房款及利息并要求卖方赔偿损失。

法条链接

《民法典》第208—209条。

16. 房屋归兄或归弟，产权登记作依据

——兄长买房父母出资，该房屋是个人财产还是家庭共有财产？

事件再现

大李和小李是兄弟，大李有北京购房资格，决定在京买房。买房时父母提供了大部分房款，后大李到外地工作。房屋交付后，弟弟小李来京与父母一起装修房屋，并和父母共同居住在新房子里。8年后，大李回北京工作生活，需要居住自己购买的房子，但小李认为房子是家庭共有财产，拒绝腾房。大李诉至法院，要求小李腾房并支付占用期间的房屋使用费。

裁判要点

不动产权属证书是权利人享有该不动产物权的证明。不动产物权的设立、变更、转让和消灭，依照法律规定应当登记的，自记载于不动产登记簿时发生效力。不动产权属证书记载的事项，应当与不动产登记簿一致；记载不一致的，除有证据证明不动产登记簿确有错误外，以不动产登记簿为准。因物权的归属、内容发生争议的，利害关系人可以请求确认权利。案涉房屋登记在大李名下，且无相反证据予以否定，法院认定房屋属于大李所有，判决小李腾房并支付一定的房屋使用费。

法律分析与提示

不动产属于家庭共有财产还是个人财产，主要取决于不动产的产权登记情况、购买时间以及资金来源等因素。本案中，被告小李虽然辩称涉案房屋是家庭共有财产，但没有证据对抗不动产权属证书，房产证上记载大李是房屋的权利人，其有权利主张实际占有人返还房屋。关于房屋使用费，双方并未事先约定，法院参考涉案房屋周边同类型房屋租金价格，并考虑到双方父母亦有与被告小李共同居住在涉案房屋的情况，酌情确定支付若干房屋使用费。

现实中，对于房屋是个人婚前财产还是夫妻共同财产的争议比较多见，为预防和解决纠纷，当事人应尽量事先明确约定并保留证据，一旦进入诉讼程序，法院要根据具体情况综合判断。

法条链接

《民法典》第217条，第460条。

17. 公共楼道一家占，相邻利益被侵犯

——公共楼道被一户业主独占，相邻业主可否要求其恢复原状？

事件再现

老刘、老孙和老赵住在一个楼栋同一楼层，老刘和老孙两套房屋位于中间，老赵的房屋位于西侧。电梯共用前室为公共空间，老赵在出电梯至其入户门的走廊上加装了铁门，使得该走廊空间归其个人使用，走廊内的窗户被遮挡。老刘和老孙认为走廊不可独占，且楼道的通风采光均受到了影响，亦存在安全隐患。经各方协商无果，二人遂诉至法院，要求老赵立即拆除铁门，将楼道恢复原状。

裁判要点

业主对建筑物专有部分享有所有权，对建筑区划内的共有部分享有共同管理权，对业主共有部分，各共有权利人依照法律法规有权合理使用，但使用时不得侵害他人的权利。业主擅自占用或损坏通道、公共设施等，造成其他业主物业损害或导致全体业主共同权利受损的，其他业主有权要求其恢复原状。本案被告将共有部分占为己有，违反法律规定，侵害了相邻业主的利益，法院判令被告立即拆除，恢复原状。

法律分析与提示

建筑物区分所有权中的共有部分属于业主共有，业主行使权利不得危及建筑物的安全，不得损害其他业主的合法权益。公共空间，由业主共有，应由业主共享。本案中，老赵户门外的走廊通道属于公共区域，是业主共有部分，老赵在走廊过道加装铁门，将公共走廊隔断独自使用，影响了相邻业主老刘和老孙的通风采光与消防安全等权益，故法院依法对原告的诉讼请求予以支持。

商品房过道走廊由全体业主共有并共同管理，一家独占不仅影响相邻权利人的合法权益，更重要的是，楼道走廊具有公共消防功能，如果被一家独占，可能会带来安全隐患。

法条链接

《民法典》第 271 条，第 286 条。

18. 车位共有共管理，业主维权有依据

——占用业主共有面积修建的停车位，产权和收益是否应当归小区业主共有？

事件再现

迎新公司开发建设了银河小区，小区的停车场由迎新公司管理和收费。银河小区依法成立业主委员会后，小区物业服务由业主委员会接管，原物业公司退出小区。业委会认为小区内的停车位是占用业主所有的共有通道和绿地修建而成的，要求迎新公司将停车位交给业委会管理，但迎新公司称合同约定停车位归其所有，拒绝移交。业委会遂诉至法院，请求确认案涉车位归小区业主共有并移交给业委会管理使用。

裁判要点

小区建设完成之后，随着小区房屋的出售，小区建设区划内的土地使用权也随之转移至小区业主，小区的共有部分土地使用权归小区业主共有。迎新公司在合同中约定案涉停车位归出卖人所有，违反法律的强制性规定，应属无效。法院认定停车位归小区业主共有，判决迎新公司将停车位移交业委会管理。

法律分析与提示

本案争议的地面停车位，系占用业主共有场所建设的室外草地式停车位，不能办理产权登记成为特定业主的专有部分，不属于《民法典》规定的可以由当事人约定归属的车位。迎新公司在合同中约定案涉停车位归出卖人所有，违反法律的强制性规定，应属无效。据此，法院判决支持业主委员会的诉讼请求。

车位归属在建筑物区分所有权制度中地位突出，因车位引发的纠纷逐年增多，为预防纠纷，小区业主、开发商及物业服务企业，应当依法规范各自的行为，明确相互之间的权利义务关系，共同创建和谐环境。

法条链接

《民法典》第 274—275 条。

19. 私拆改建隐患多，违法违规被追责

——小区一层业主拆墙改门开商店，是否违法？

事件再现

老张购买了一套一层的住宅，打算在家里开个食品店。为了吸引顾客，老张把北面房间的窗户下墙拆除，改建为食品店的门脸儿，并搭建了台阶。物业公司发现后，认为老张擅自拆墙改门并搭建台阶从事商业经营活动，占用了小区公共空间，属于违法行为，同时也违反双方签订的物业维修协议，要求老张限期恢复原状，但老张拒不理睬，物业公司遂诉至法院。

裁判要点

业主对其建筑物专有部分享有占有、使用、收益和处分的权利。业主行使权利不得危及建筑物的安全，不得损害其他业主的合法权益。存在妨害物权或者可能妨害物权的，权利人可以要求侵权人排除妨害或者消除危险。本案被告的行为损害、侵占小区公共部位，构成侵权，物业公司依据法律和物业服务合同，有权要求其恢复原状。法院依法支持物业公司的诉讼请求，责令被告限期恢复原状。

法律分析与提示

本案被告擅自拆窗改门、搭建台阶的行为侵占了住宅的共有部位，超出了正当行使权利的界限，妨害了小区的正常管理秩序，属于侵权行为。按照法律规定和双方合同约定，物业公司有权要求当事人拆除搭建的台阶、恢复原状。

小区内住宅房屋所有人有三项权利，即专有部分的所有权、共有部分的共有权和因共有关系而产生的共同管理权。业主行使上述权利应当遵循诚实信用原则，遵循法律和合同约定的对权利的限制，不得滥用权利。

法条链接

《民法典》第271—274条，第279条，第284—286条。

20. 住宅商用有限制，合法依规两相宜

——住宅小区住户把房子用于商业经营，

本小区业主有权反对吗？

事件再现

银河小区2号楼的老孙发现平日里安静的小区，最近变得嘈杂起来，不少孩子在小区里追逐玩耍。经了解得知，原来是小区1号楼1单元一楼住户小王在家开办了幼儿班。老孙向小王提出意见，指出幼儿班扰民，邻里的生活质量受到了影响，要求小王停止经营。小王认为开办幼儿班是便民服务，并不扰民。于是老孙将小王诉至法院，请求判令其停止在小区内开办幼儿班。

裁判要点

业主将住宅改变为经营性用房需具备两个条件：其一，不得违反法律、法规以及管理规约；其二，应征得有利害关系的业主一致同意。本案被告将住宅改作商业用途，既不符合法律和管理规约，也未取得利害关系业主的一致同意，且经查，被告没有教育培训相关资质，法院判令被告停止在小区内从事幼儿班经营活动。

法律分析与提示

法律规定“经有利害关系的业主一致同意”，这里的“有利害关系的业主”，不仅是指本楼栋业主，小区内受到不利影响的业主都是利害关系业主，利害关系业主有权提出反对“住改商”。本案中，被告小王在自家住宅开办幼儿班，同小区另一栋楼的业主老孙提出反对，法院经查，认定开办幼儿班对小区环境有不利影响，老孙属于有利害关系的业主，且小王无教育培训相关资质，故判决小王停止在小区内进行经营。

为了保护业主的共同利益和确保小区内的安全与秩序，房主应当保持住宅的居住属性，把房子用于经营时应慎重，商用租户在选择地址时，如选择住宅小区，应当尽可能避免给小区带来不利影响，否则，一旦发生纠纷，会给租赁双方都造成损失。

法条链接

《民法典》第279条。

21. 维修资金怎么用？业主投票来决定

——住宅外墙渗水，导致业主房屋受损，物业公司要承担责任吗？

事件再现

凤山小区已经建成20年了，大刘等业主发现自家屋内墙面开裂、发霉，经查发现是建筑外墙渗水造成的。物业公司说，解决外墙渗水属于重大维修，需要动用公共维修资金。小区没有业主委员会，业主中没有人牵头组织管理小区事务，大刘投诉无门，遂将物业公司诉至法院，要求物业公司维修屋内墙面及楼外墙面，彻底解决渗水问题。

裁判要点

建筑物及其附属设施的维修资金，属于业主共有，经全体业主共同决定，方可用于屋顶、外墙等共有部分的重大修缮和改造。建筑物外墙属于共有部分，对案涉外墙防水维修属于重大维修，应由业主共同决定。本案经调解，双方达成一致，物业公司提出使用维修资金方案，并组织业主投票通过，物业公司按法定程序使用维修资金，负责安排建筑物外墙维修以及原告等业主家墙面维修。

法律分析与提示

物业公司无权擅自动用维修资金进行维修。使用维修资金，应当由小区专有部分面积占比 2/3 以上的业主且人数占比 2/3 以上的业主参与表决，经参与表决面积和人数双过半数的业主同意。小区建筑物外墙属于业主共有部分，外墙渗水会对整栋楼房结构安全和使用期限造成不利影响；若物业公司知情却怠于履行职责，不仅会进一步扩大业主的损失，还要对损失的扩大承担责任。本案经过调解，向当事人说理释法，最终达到了各方满意的效果。

一般建筑外墙渗水的保修期限是 5 年，过了保修期，施工单位不再负有维修责任。物业公司的服务内容，依据的是业主与物业公司签订的物业服务合同，为了有一个安全舒适的居住环境，业主要重视选聘合适的物业服务企业，并完善物业服务合同相关内容。

法条链接

《民法典》第 281 条，第 285 条。

22. 大门内开改外开，邻居进出受妨碍

——入户门内开改为向外开，侵犯邻居通行权吗？

事件再现

莲花小区业主老赵与小孙两家是邻居，小孙回家需经过老赵家门口，老赵装修时将入户门由向内开改为向外开启，小孙认为自己家有老人、小孩，老赵家的门改向外开，存在碰撞危险。小孙与老赵协商未果，遂将老赵告上法庭，请求判令老赵将入户门恢复原状。

裁判要点

相邻关系是指两个或两个以上不动产相互毗邻的所有人或使用人，在行使不动产的所有权或使用权时，相邻各方形成的相互给予便利和接受限制而产生的权利义务关系。相邻各方应当遵循有利生产、方便生活、团结互助、公平合理的原则处理相邻关系。根据本案实际情况，法院认定被告的行为超出了原告必要的容忍义务范围，判令被告限期将入户门朝向改回朝内开启。

法律分析与提示

相邻关系是法定的，体现在不动产权利人对相邻各方有避免妨害的注意义务，同时不动产权利人不得不借助相邻不动产才能正常使用自己的不动产时，相邻不动产权利人应当提供便利。《住宅设计规范》（GB 50096-2011）规定："向外开启的户门不应妨碍公共交通及相邻户门开启。"本案中，被告老赵将入户门改为向外开，由于公共楼道较窄，给小孙家人出入带来一定的安全隐患，尤其是原告家有老人和小孩，被告负有更高的注意义务，故法院依法要求其纠正。

相邻关系通常包括通行、用水、排水，通风、采光和日照等类型。相邻关系人要知道自己有给对方提供便利的义务，邻里之间应当尽量照顾到对方的便利，本着友好协商的态度，妥善处理好相邻关系。

法条链接

《民法典》第 288 条，第 291 条。

23. 交通事故赔偿金，根据需要酌情分

——李某因交通事故不幸去世，其死亡赔偿金应如何分配？

事件再现

老李夫妇育有一子一女，儿子李某和妻子小刘育有一女小花。小花 3 岁时，李某因交通事故去世。保险公司向老李夫妇、小花和小刘支付李某的死亡赔偿金共计 60 万元。因老李夫妇主张平均分割，小刘主张她和女儿小花应当多分，双方互不相让，老李诉至法院，请求平均分割案涉款项。

裁判要点

共同共有人对共有的不动产或者动产共同享有所有权，共同共有人可以请求分割共有财产。原告和被告对案涉死亡赔偿金共同享有所有权，分割时参照遗产处理。根据与被继承人的生活紧密度等实际情况，法院酌定老李夫妇每人各分得 20%，小刘和小花每人各分得 30%。

法律分析与提示

本案死亡赔偿金是对受害人李某近亲属的经济补偿，李某的近亲属对该笔死亡赔偿金共同享有所有权。因李某投保的保险合同中并未指定受益人，故上述赔偿金虽不属于其遗产，但可参照遗产处理。即在李某的第一顺序继承人中，根据与其共同生活的紧密程度、生活能力及经济依赖程度等因素进行合理分配。本案中，老李夫妇系李某的父母，虽已年老但每月可领取养老金和村集体分红，与李某共同生活的紧密程度及经济依赖程度相对较小。而李某之女小花尚年幼，由小刘独自抚养，其成长教育需要较多的资金支持，小刘和小花母女对李某的经济依赖更紧密，故在分割赔偿金时适当予以多分。

死亡赔偿金是对死者近亲属的赔偿，原则上应由家庭生活共同体成员共同取得。在分割时，应当照顾被抚养人的利益，根据实际情况和相关因素适当分割，而非必然等额分配。

法条链接

《民法典》第 297—299 条，第 303 条。

24. 拾金不昧好风尚，保管不当要赔偿

——捡到金戒指随手扔掉了，失主可以向捡拾者主张赔偿吗？

事件再现

小孙在地下车库停车时丢失了一枚价值 1 万元的戒指，回头去找没有找到，便去查看物业的监控录像，发现被小刘夫妇捡到了。小孙去找小刘夫妇，被告知以为不值钱随手扔了。小孙认为他们未尽妥善保管义务，遂将二人诉至法院，请求判令其赔偿损失。

裁判要点

民事主体的财产权利受法律保护，拾得遗失物，应当返还权利人。拾得人应当及时通知权利人领取，或者送交公安等有关部门。拾得人在遗失物送交有关部门前，有关部门在遗失物被领取前，应当妥善保管遗失物。因故意或者重大过失致使遗失物毁损、灭失的，应当承担民事责任。本案被告小刘夫妇将拾得物丢弃，存在明显过错，考虑到戒指已经佩戴两年多，存在折旧，法院酌定被告按戒指原价的30%赔偿。

法律分析与提示

遗失物拾得者对遗失物有返还和保管义务。本案中，小刘夫妇拾得戒指后，本应返还权利人或送交有关部门并妥善保管，却私自将其丢弃。小刘夫妇的行为导致戒指灭失，存在重大过失，应对小孙的损失承担折价赔偿责任，故法院酌定其给予适当赔偿。

所有权人对自己的物品应当妥善保管，同时，法律规定了拾得人的返还和保管义务。如果拾得人拒不返还遗失物，则构成对失主所有权的侵害，应向失主返还原物或者给予赔偿。除民事责任外，若拾得人以非法占有为目的，拒不将拾得物归还给失主，还可能涉嫌侵占罪。

法条链接

《民法典》第314条，第316条。

25. 城镇居民买农房，田园生活梦一场

——城镇居民购买农村房屋，发生纠纷如何处理？

事件再现

老赵与村民老李签订了《房屋买卖合同》，以8万元的价格购买了老李宅基地上带院子的平房。老赵本想把房屋和小院修葺一新，享受安闲的田园生活，怎奈因房屋装修与老李发生矛盾，老赵便提出退房、退款，但被老李拒绝。老赵遂诉至法院，请求确认买卖合同无效，同时要求老李退还房款并赔偿装修损失。

裁判要点

本案原被告签订的合同虽系当事人真实意思表示，但该宅基地上的房屋买卖行为非发生在房屋所在农村集体经济组织成员之间，该行为因违反相关法律禁止性规定而无效。故原告要求确认双方签订的房屋买卖合同无效的请求，法院予以支持。因双方对此均有过错，酌定被告退还原告的购房款，其他损失由各自承担。

法律分析与提示

所有人对自己的不动产依法享有占有、使用、收益和处分的权利，但对自己财产的处分不得违反法律、行政法规的强制性规定。根据“地随房走”的原则，农村房屋买卖必然涉及宅基地使用权一并转让，农民自建的房屋，虽然归其所有，但房屋下面的土地属于村集体所有，宅基地的分配有社会保障性质，与特定身份相联系，仅本村村民享有宅基地使用权，非本村村民无权取得。本案中的买卖合同违反了《土地管理法》的强制性规定，所以被认定为无效。

依据《土地管理法》的相关规定，申请宅基地的村民必须为集体经济组织成员，城镇居民不具备获得农村宅基地的身份资格，农村宅基地使用权的性质决定了不可能房地一体转让。所以，城镇居民想要在农村购房置业，过上农家院的生活，需要对政策法律等风险有所预判。

法条链接

《民法典》第153条，第597条；《土地管理法》第62条。

26. 居住权人安心住，所有权人有义务

——爷爷和孙子签订了居住权协议，爷爷可以一直住着这套房子吗？

事件再现

张爷爷把自己所有的一套房子过户给了孙子小张，同时和小张签订了居住权合同，约定张爷爷对该房屋享有永久居住权，并办理了居住权登记。后来小张打算把房屋装修一下自己居住，让张爷爷搬出，张爷爷不同意。遂诉至法院，请求确认其居住权。

裁判要点

当事人双方签订的居住权合同合法有效，双方均应当全面履行合同约定。居住权人有权按照合同约定主张居住权，法院确认原告张爷爷对案涉房屋享有居住权，可以继续居住，小张无权要求张爷爷搬出。

法律分析与提示

居住权是为了解决生活居住需要，按照合同约定，对他人住宅享有的占有、使用的权利。居住权是物权，一旦设立生效，居住权人就有权按照合同约定的期限在该房屋内稳定地居住，即使是房屋所有权人也不得加以干涉和妨碍。本案中，张爷爷将房屋过户给孙子小张，小张是该房屋的所有权人，但他们双方签订了居住权合同并依法进行了登记，合同约定张爷爷享有永久居住权，对此小张应当履行合同义务，不得要求张爷爷搬出，不得妨碍张爷爷的居住权益，法律保护居住权人对房屋的独立占有和使用权。

居住权是为特定自然人生活居住的需要而设定的权利，居住权一般是无偿的和有长期保障的。以合同方式设立的居住权需要办理登记才能生效，当事人双方应当持居住权合同到不动产登记机构进行登记。居住权合同中应当约定居住权人、房屋的位置、居住权期限等内容。

法条链接

《民法典》第366—368条。

27. 长期拖欠修理费，扣留车辆来抵赔

——修车拖欠修车费，修理厂可以扣留车辆吗？

事件再现

老孙经营汽车租赁业务，与城郊修理厂有长期修车合作关系。两年来，老孙累计欠付修理厂修理费6万余元。经修理厂多次催要，老孙总是借故推托。某日，老孙将自己所有的宝马车送来维修，修理厂将该车扣留，并向老孙提出，如果不付欠款就将宝马车变卖抵债。老孙不予配合，修理厂遂诉至法院，请求判令被告老孙支付修理费及利息，修理厂在宝马车变现价款中优先受偿。

裁判要点

原告和被告建立了事实上的修理合同关系，原告已经履行了修理义务，被告应当支付修理费用。被告欠付修理费，构成违约，给原告造成资金占用损失，原告主张被告支付欠款及利息，法院予以支持。因被告未付修理费，原告将被告的车辆留置，该留置合法有效。原告有权就欠款及利息在车辆变卖价款范围内优先受偿。

法律分析与提示

留置权属于法定担保物权，不受当事人意志影响和左右。如果债务人不履行到期债务，则债权人可以依照法律规定留置已经合法占有的债务人的动产，并在满足法律规定条件的情况下，折价或者拍卖、变卖留置财产以优先受偿。本案中，老孙拖欠修理费，修理厂的债权与其留置的车辆属于同一法律关系，符合行使留置权的条件，修理费用结清前，修理厂有权扣留车辆，以此促使老孙尽快支付欠款，或从留置车辆变卖价款中优先受偿。

留置权设置的根本目的，在于担保债务履行，留置大多发生在承揽合同、保管合同、运输合同、行纪合同等关系中。

法条链接

《民法典》第447—448条。

"房屋以现状出租"，
事先说好的呀，
怎么又反悔？
租房合同
你那电器不安全啊！

第二编 合 同

公 平 交 易
诚 信 为 本

28. 重大过失不免责，赔偿货物损失额

——邮寄手机快递丢失，快递公司应当赔偿吗？

事件再现

小王购买了一部大品牌手机，后在网上平台出卖，以4000元的价格与买家达成交易。成交后通过速递公司运营的小程序下单向买家邮寄，邮寄物品标注为“电子产品”，保价价值1000元。小王支付了运费及保价费，速递公司员工取走了邮寄物品，后因快递被拒收退回，小王签收包裹时开箱查验，发现里面只有手机盒，手机已丢失。小王联系速递公司员工，答复为快递遗失，可以赔付1000元，小王不同意。遂将速递公司诉至法院，主张其按实际损失进行赔偿。

裁判要点

经法院审查认定，被告速递公司揽件后，先出现绑单错误，又在快递揽件后至到达收件人的运输过程中出现快递重量无故减轻问题，被告未能就运输过程中快递重量减轻做出合理解释，足以推断出其未尽到合理的管理职责，导致涉案手机丢失，其行为存在重大过失，故应排除保价限制责任条款在本案的适用，原告主张的金额系原告在涉案手机买卖合同中双方约定的金额，亦为原告实际损失，被告速递公司应按照原告的该实际损失予以赔偿。

法律分析与提示

本案系邮寄服务合同纠纷，保价条款虽然是速递公司限制责任的格式条款，但亦是邮寄服务合同双方达成的合意，如未违反法律和行政法规的强制性规定，一般应认定有效，但如果因快递企业故意或重大过失导致货物损失，则应依法认定该条款无效。本案中，速递公司在承运中存在重大过失，因而速递公司不能援引双方约定的格式条款中保价条款来免责。

为了交易的便捷、省时、高效，经营者一方往往预先拟定好相关合同文本，其中包括一些重复使用的格式条款，这些条款包括限制自身责任的免责条款。为平衡和保护合同相对方利益，法律规定了对格式条款的限制和免责条款无效的情形，广大消费者可以依法维权。

法条链接

《民法典》第 496 条，第 506 条，第 832 条。

29. 爱犬走失主人忧，悬赏找回应付酬

——爱犬走失重金悬赏后找回，悬赏广告是否应当兑现？

事件再现

一天，李爷爷家的宠物狗走失，李爷爷因伤心而病倒。儿子小李在小区公告栏和微信朋友圈发布重金悬赏寻找爱犬启事，承诺谁若找到送回，失主将给予5000元酬金。第二天，快递员小孙找到了狗狗并把它送到李爷爷家，但小李却不愿意支付酬金。后小孙诉至法院，经过调解，双方和解，小李向小孙支付了酬金。

裁判要点

发布悬赏广告是一种民事法律行为，任何人按照广告公布的条件，完成了广告所指定的行为，即对广告人享有报酬请求权。发出悬赏广告的人，则应该按照所发布广告的约定，向完成广告指定行为的人支付承诺的报酬。本案被告小李在小区公告栏和微信朋友圈发布的信息属于悬赏广告，其应及时履行义务，给付原告5000元的报酬。原告小孙诉请有理，法院予以支持。

法律分析与提示

悬赏广告是悬赏人以公开的方式声明，对完成特定行为的人支付报酬的意思表示。悬赏广告的发布意味着，一旦行为人完成悬赏广告中特定的行为，悬赏人就对完成特定行为的人负有给付报酬的义务。悬赏广告需要满足以下条件：一是以公开的方式作出声明；二是悬赏人在声明中提出明确的要求，即要完成特定的行为；三是悬赏人承诺支付报酬，且明确具体。完成该特定行为的人可以请求悬赏人支付报酬，悬赏人不得拒绝。本案被告在其爱犬走失后利用公告栏和微信朋友圈发布声明悬赏的行为，属于悬赏广告，原告小孙送回爱犬，被告小李不得拒绝付酬。

在生活中，悬赏广告比较多见，但大家未必都知道它是一种法律行为。一般情况下，悬赏广告一经公开发出即具有法律效力，但悬赏者无民事行为能力、违背法律法规及公序良俗等情况除外。

法条链接

《民法典》第499条。

30. 房屋设施有隐患，房主义务不能免

——合同约定“房屋以现状出租”，可否免除出租人提供适租房屋的义务？

事件再现

老张和小刘经中介公司介绍签订了《房屋租赁合同》，小刘收房后，发现屋内壁挂炉、空调机等设施已远超安全使用年限，便向老张提出更换，但被拒绝。双方发生矛盾后，老张向小刘发出通知称：双方有约在先，房屋以现状出租，如不能接受就解除合同，限期搬离房屋。小刘按期搬离了房屋，但老张以小刘违约在先为由不退还其已预收的租金。小刘遂诉至法院，要求老张退还租金并赔偿违约金和中介费。

裁判要点

原告和被告双方签订的房屋租赁合同系双方当事人的真实意思表示，其内容和形式均未违反我国法律法规的禁止性规定，故该合同为有效合同，对当事人均具有法律约束力，双方应当按照合同的约定履行自己的义务。被告作为案涉房屋的出租方，应当保证租赁房屋的适租性。从原告提交的证据来看，原告要求被告更换部分过期电器的行为合理合法，被告单方面通知解除合同构成违约。判决被告老张向原告小刘返还租金并赔偿中介费。

法律分析与提示

房屋租赁合同的出租人有义务保证房屋设备设施符合安全条件，不得危及他人人身安全。本案中，双方合同约定“房屋以现状出租”，不等于免除出租人提供适租房屋之法定义务。原告提出更换部分电器，属于合情合理又合法的行为，而被告不同意并单方解除合同，故法院认定为违约，应当依法承担违约赔偿责任。

尽管合同是当事人自愿达成的，但并非合同约定的任何内容都是有效的，合同中如有违背法律法规效力性强制性规定和公序良俗的约定，则该内容无效。当事人就合同内容约定不明确时，应当依照法律规定的原则和标准履行。

法条链接

《民法典》第 509 条，第 577 条，第 708—709 条。

31. 怠于追讨欠账款，债主行使代位权

——张三故意不索要李四拖欠的借款，张三的债主可以直接向李四追债吗？

事件再现

张三以需要资金周转为由向小王借款5万元，约定3个月后还款。到期后，小王催促还款，张三借故推托。小王从好友处得知，张三曾经给李四供货，李四拖欠张三货款5万元，张三没有向李四索要。小王遂以李四为被告、以张三为第三人诉至法院，请求判令李四直接将拖欠张三的货款还给自己。

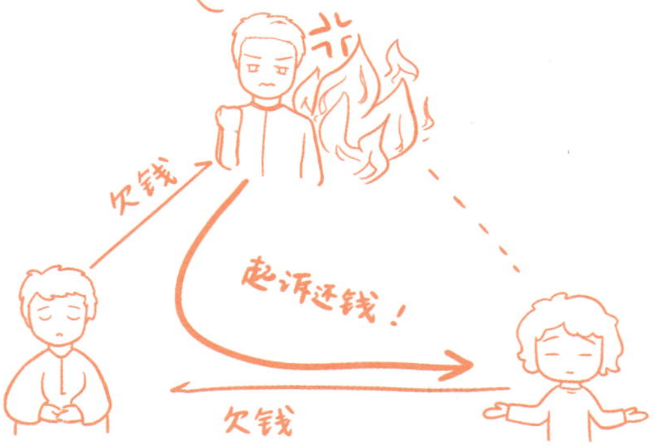

裁判要点

因债务人怠于行使其债权，影响债权人的到期债权实现，债权人可以以自己的名义代位行使债务人对相对人的权利。张三对李四的债权已到期，张三不主动向李四行使债权，原告小王作为张三的债权人，有权要求李四向其支付货款，法院对原告的诉讼请求予以支持。

法律分析与提示

当出现连环债时，债务人的债务人称作次债务人，因债务人消极对待债权影响了债权人债权实现时，债权人可以以自己的名义代位行使债务人对次债务人的权利，即债权人直接代替债务人向次债务人主张债权，此为法律赋予债权人的代位权。次债务人向债权人履行义务后，债权人与债务人、债务人与次债务人之间相应的权利义务便告终止。本案中，因张三不向李四讨债，小王直接起诉李四，经法院审查，确认小王的代位权成立，判令李四直接向小王还款，李四履行义务后，小王与张三、张三与李四之间的债权债务关系皆告终止。

虽然说“欠债还钱，天经地义”，但现实生活中却有很多无奈。债权人和债务人应当积极行使权利，履行义务，避免形成复杂的“三角债”。债权人可通过了解债务人的资金状况，掌握相关证据，及时行使代位权来维护自身合法权益。

法条链接

《民法典》第535—537条。

32. 逃避债务转财产，撤销赠与把钱还

——为逃避债务恶意将房屋赠与他人，债权人可以起诉主张撤销赠与吗？

事件再现

小杨与小胡系夫妻，因小胡把夫妻共同财产赠与小李，小杨曾诉至法院要求小李返还，并得到法院的支持。但因小李名下没有财产，法院只好终结执行。后小杨发现，小李在之前的赠与财产返还诉讼期间，将自己名下的房屋赠与并过户给了其父亲老李。小李和老李的行为损害了小杨债权的实现，小杨诉至法院，请求判令撤销小李对老李的赠与。

裁判要点

债权人的撤销权是指债权人对于债务人所为的危害债权及其实现的行为，可以诉请法院予以撤销的权利。衡量债权人撤销权能否得到支持，以债务人的行为是否对债权人造成损害，损害是否达到致使债务人没有清偿能力的程度为标准。法院审查认定被告无偿赠与其责任财产，属于可撤销的行为。在庭审中，双方和解，被告主动履行了还款义务。

法律分析与提示

债权人行使撤销权的情形有：债务人无偿转让财产、放弃债权、放弃债权担保和以明显不合理的价格转让或受让财产等。法院要对撤销权是否成立予以审查。本案中，小李在明知存在赠与财产返还纠纷的情况下，还故意将其名下的房屋无偿赠与老李，其主观上存在恶意，使小杨的债权难以实现，损害了小杨的合法权益。小杨作为利益受损的债权人有权请求撤销该赠与行为。

撤销权只能以诉讼的方式行使，因为撤销权是对债务人行为自由的干预，打破了合同的相对性原则，直接影响到第三人的利益。所以要由法院判断债务人的行为是否应予撤销，区分是正常的行使自己财产处分权，还是逃避债务、恶意转移财产；同时，撤销权应当在法定期限内行使。

法条链接

《民法典》第538—539条，第541—542条。

33. 股权转让未登记，合同依然有效力

——签订了股权转让合同，可否以未办理工商登记为由，主张解除合同？

事件再现

小徐与小马签订了《股权转让协议》，约定小徐自愿将其持有的 20% 股权转让给小马，双方确认自小马付清转让款后 15 个工作日内办理股权工商变更登记。后小马支付了转让款，但双方未按约定时间办理工商登记。小马以未按期办理工商登记导致合同目的不能实现为由，将小徐诉至法院，请求解除股权转让合同并返还股权转让款。

裁判要点

未按期办理股权工商变更登记，并不影响股权转让合同的效力，受让人以未按期办理股权工商变更登记导致合同目的不能实现为由，请求解除《股权转让协议》的，理由不成立，法院驳回原告诉讼请求。

法律分析与提示

股权的工商登记仅具有对外公示效力，不影响公司内部股东权利的认定和行使，也不是合同解除的法定条件。本案中，小徐与小马签订的《股权转让协议》，系双方当事人的真实意思表示，合法有效。现小马已按约定向小徐支付了股权转让款，股权转让行为已实际完成。小马主张因未在约定时间内办理股权变更登记手续，案涉《股权转让协议》应予解除，没有法律依据。未变更登记并不影响小马取得股权及正常行使股东权利，其股权转让的合同目的已经实现，故法院对原告小马的诉讼请求不予支持。

除法律规定登记生效的合同或双方另有约定外，一般的股权转让合同签订即生效，是否办理工商登记不影响合同效力。股权的工商登记仅为行政管理和对外公示行为。记载股东身份有多种形式，如公司签发出资证明书、记载于股东名册等。

法条链接

《民法典》第502条，第563条；《公司法》第34条。

34. 逾期办理产权证，业主维权皆获胜

——开发商逾期办理房屋所有权证，

业主有权要求支付违约金吗？

事件再现

金叶小区业主在购房时，与开发商签订了《商品房买卖合同》，约定自交房次日起365日内，开发商给业主办理房屋所有权证，如有逾期则以购房全款的万分之一按日累计支付违约金。现在开发商已经交房5年了，小郭等业主才陆续拿到房屋所有权证，故小郭等业主起诉要求开发商支付逾期办证的违约金。

裁判要点

原告与被告双方签订的《商品房买卖合同》系双方真实意思表示，且不违反国家法律的强制性规定，应属有效，双方均应按合同约定履行相关义务。法院认定开发商未在约定的期限内办理房屋所有权证书，构成违约，应支付相应的违约金。

法律分析与提示

房屋所有权证是不动产权属证书，是所有人享有不动产占有、使用、收益和处分权利的凭证。当事人双方在《商品房买卖合同》中约定了违约条款，开发商逾期办证构成违约，应当承担违约责任。本案中，原告提供了购房合同、交纳房款发票、交房入住凭证等证据，经法院审查，认定开发商存在相关违约行为，被告也承认自己违约，但认为约定的违约金过高，而此抗辩理由没有得到法院的支持。

在签订商品房买卖合同中，购房者和开发商都不应忽视逾期办理所有权证的违约责任条款。对于购房者而言，希望违约金条款能约束开发商及时办证，约定违约金时要注意违约金数额按日递增。对于开发商来说，违约金约定应公平合理。

法条链接

《民法典》第465条，第577条，第595条。

35. 定金担保双倍返，违约定金非两全

——一方违约，守约方同时主张定金和违约金，可以得到支持吗？

事件再现

元件公司向重型公司采购一套价值 100 万元的机械，双方约定元件公司支付定金 20 万元，重型公司收到定金后 5 日内发货；若一方违约，应当向对方支付货款 30% 的违约金，并赔偿对方的实际损失。合同签订后，元件公司依约支付了定金，但时过两个月，重型公司仍拖延发货，给元件公司造成重大损失。元件公司不得不以更高价格另行购买该机械。随后元件公司将重型公司诉至法院，请求判令其双倍返还定金并支付违约金。

裁判要点

当事人既约定违约金，又约定定金的，一方违约时，对方可以选择适用违约金或者定金条款。定金不足以弥补一方违约造成的损失的，对方可以请求赔偿超过定金数额的损失。元件公司同时主张定金和违约金，法院不予支持。经法院释明，元件公司变更诉讼请求为双倍返还定金，法院予以支持。

法律分析与提示

违约责任的承担原则为补偿性为主，惩罚性为辅，违约金和定金只能择一主张，定金和损失赔偿可以合并限制性适用。本案中，元件公司可以依据定金罚则，主张双倍返还定金40万元，如果40万元不足以弥补其损失，还可以主张损失赔偿；也可以选择依据违约金条款主张重型公司支付违约金30万元，但不能同时主张违约金与定金。

“定金”完全不同于“订金”“保证金”，一定要注意区别，避免写错。定金是合同履行的一种担保形式，实践中经常使用。其特征是：双向惩罚性，定金对合同双方均具有约束力；实践性，定金合同只有在实际交付定金时才成立；限额性，定金的数额不得超过主合同标的额的20%。

法条链接

《民法典》第584—588条。

36. 运输导致树枝断，责任先由卖家担

——购买名贵的景观树，运输途中被损坏，这个损失由谁赔偿？

事件再现

老林为了装饰庭院，不惜花上万元选购了一棵景观松树，收到货后发现多处树枝已经折断。老林立即联系卖家小王，要求退货或赔偿。小王说，发货时是完好的，是小吴运输途中损坏的，应当由小吴赔偿。老林遂将小王和小吴诉至法院。

裁判要点

老林与小王存在买卖合同关系，卖方负责送货上门，根据合同的相对性原理，货物有瑕疵，卖方应当承担违约责任，老林要求小王承担退货或者修复费用，法院予以支持。小王和小吴存在运输合同关系，各方确认小吴在运输中导致树木损坏。经法院调解，小吴和小王共同承担老林的损失。

法律分析与提示

依法成立的合同，一般仅对当事人具有法律约束力。本案买卖合同当事人是老林和小王，买卖合同对他们二者具有约束力。卖方负责送货，卖方应当对买方收到的货物质量负责。卖方委托小吴运输货物，卖方小王与承运人小吴形成运输合同关系。双方约定承运人对运输过程中货物的毁损、灭失承担赔偿责任。所以，实际上景观树断枝的损失最终应当由小吴承担。

运输易损货物存在较高风险，尤其是长途运输，委托方应当明确告知托运物品的属性、价值以及运输注意事项，选择保价服务，双方合理约定运费、责任承担方式等，必要时承运人应当购买运输责任险。

法条链接

《民法典》第465条，第832—833条。

37. 赠与房屋已过户，不可撤销可同住

——赠与孙子的房屋已经过户，还能撤销赠与吗？

事件再现

小李为了让儿子上个好学校，就和奶奶商量，希望奶奶把名下的一套学区房赠与过户给自己。小李向奶奶表示，房子赠与后奶奶可以和他一家共同居住，奶奶同意了并自愿办理了房屋赠与过户手续。3年后，奶奶认为孙子小李不够孝顺，想撤销赠与，把房子再过户到自己名下。小李不同意，奶奶遂诉至法院。

裁判要点

赠与合同是赠与人将自己的财产无偿给予受赠人，受赠人表示接受赠与的合同。赠与财产已经发生所有权转移，赠与人便丧失了任意撤销权。奶奶已将房屋所有权转移至小李名下，已不享有任意撤销权。其主张小李不孝敬，并未向法院举证证明，法院对奶奶的诉讼请求不予支持。

法律分析与提示

因赠与是无偿行为，所以即便赠与合同已经成立，也允许赠与人因自身原因撤销赠与，赠与人可以撤销赠与的时间点是赠与财产的权利转移之前，如果赠与财产的权利已经转移到受赠人名下，受赠人已经享有对赠与物的所有权，赠与人就丧失了任意撤销权。本案中，奶奶自愿将其所有的房屋赠与小李，双方形成赠与合同关系，且已经办理了房屋过户登记手续，赠与财产所有权已经转移给受赠人，故奶奶无权行使任意撤销权。

赠与人的任意撤销权，除上述限制外，还有一些特殊的限制，即具有救灾、扶贫、助残、助学等公益性质或经过公证的赠与不能任意撤销。同时，因赠与是使受赠人获利的行为，如果受赠人对赠与人有加害行为，或者有其他违法行为及违反赠与合同约定的行为，赠与人可以依法撤销赠与，这是法律对赠与人的保护。

法条链接

《民法典》第657—658条，第663条。

38. 欠债还钱理应当，本金利息一起偿

——借款时没有约定利息和还款期限，这笔借款该怎么还？

事件再现

2022年某日，小黄因个人资金周转需要向小刘借款，小刘于当天通过微信向小黄支付3万元，双方未约定利息。1年后，小黄通过短信向小刘认可欠款，并承诺会还。但经小刘多次催讨，小黄一直未还。小刘遂将小黄诉至法院，主张小黄偿还3万元借款及利息，并提交了微信聊天记录和短信记录作为证据。

裁判要点

被告因资金周转需要向原告借款，双方之间因借贷形成的债权债务关系合法有效，并且被告通过向原告发送短信确认了欠款。对被告尚欠原告借款3万元的事实，法院予以确认。原告起诉之日可视为其主张权利之日，对原告的诉讼请求，法院予以支持。

法律分析与提示

原告主张的利息损失，根据司法解释的规定：既未约定借期内利率，也未约定逾期利率，借款人自逾期还款之日起参照当时1年期贷款市场报价利率标准计算的利息承担逾期还款违约责任。故法院作出判决，被告向原告支付本金并赔偿其利息损失，利息以本金3万元为基数，从起诉日起，按全国银行间同业拆借中心公布的1年期贷款市场报价利率计算至实际履行完毕之日。

按照现行民间借贷司法解释的规定，借贷双方约定的最高利率不得超过合同成立时1年期贷款市场报价利率的4倍。在生活中，民间借贷纠纷频发且处理难度大，借贷双方均应当以诚信为本，增强风险意识和法治观念，规范办理借贷手续。

法条链接

《民法典》第510条，第675条；《最高人民法院关于审理民间借贷案件适用法律若干问题的规定》第28条。

39. 充当借款保证人，一般连带要谨慎

——合同中没有约定保证方式，保证人应当如何承担保证责任？

事件再现

小陈选到一套满意的房子，打算买下来，但手头的活钱不够交首付，便向朋友小孙借款 10 万元。小孙把 10 万元汇给了小陈，小陈向小孙出具了借条，还让自己的舅舅老马作为保证人，由老马在借条中保证人处签名捺印。3 个月后，小陈和老马都只字不提还款的事，小孙多次催要未果，遂将小陈和老马诉至法院，主张二被告承担连带赔偿责任。

裁判要点

原告与被告之间存在借贷关系。当事人未约定保证方式，应按照一般保证承担保证责任。老马和小陈、小孙未约定保证方式，属于一般保证。保证人老马应就小陈财产依法强制执行后仍不能履行的部分承担保证责任。判决被告小陈偿还原告小孙借款 10 万元及利息；被告老马对被告小陈财产依法强制执行后仍不能履行的部分承担清偿责任。

法律分析与提示

保证的方式包括一般保证和连带责任保证，在当事人未约定保证方式或者约定不明时，保证人按照一般保证承担保证责任。除特殊情形外，一般保证的保证人在主合同纠纷未经审判或者仲裁，并就债务人财产依法强制执行仍不能履行债务前，有权拒绝向债权人承担保证责任；连带责任保证的保证人则对所担保的债务和债务人一起承担连带责任，债权人可以请求债务人履行债务，也可以请求保证人在其保证范围内承担保证责任。本案中，当事人未约定保证方式，所以老马作为保证人应承担一般保证责任，而不是连带保证责任。

在设立保证时，债权人、债务人和保证人皆应当了解一般保证和连带责任保证的区别，理解二者的差异后再审慎选择保证方式。一般保证的担保力度弱，债权人不能单独起诉保证人，保证人有先诉抗辩权。连带责任保证的保证力度强，债权人可以单独起诉保证人，保证人没有先诉抗辩权。

法条链接

《民法典》第 686—688 条。

40. 租户过失引火患，赔偿责任要承担

——承租房屋发生火灾，应当由谁承担赔偿责任？

事件再现

小高长期经营床垫生意，租用老张的房屋用于堆放床垫，在房屋内外堆满床垫。某日，房屋内床垫突然起火，火灾造成房屋损坏，双方就房屋维修及赔偿金额未能达成一致。房主老张遂起诉小高，请求判令小高支付房屋维修费。

裁判要点

原告与被告签订的房屋租赁合同合法有效，双方均应当按照约定履行。承租人小高对房屋未尽到安全管理责任，对于火灾的发生负有主要责任，原告主张赔偿，于法有据，被告应当承担房屋修理费。

法律分析与提示

在房屋租赁合同中，承租人对租用的房屋负有妥善管理、防止火灾、保证安全的义务。本案中，承租人小高应当对在房屋内外堆放大量易燃物品可能引发火灾有所预见，但其没有采取预防措施，最终发生火灾，使得出租人老张的房屋受损，因此，法院认定小高未尽到承租人的管理义务，应当依法承担赔偿责任。

出租人的房屋在承租人的占有、使用之下，承租人负有妥善管理义务，未尽合同义务造成房屋损失应当承担损害赔偿责任。如果损失是由第三人造成的，则承租人向出租人赔偿后，有权向该第三人追偿。

法条链接

《民法典》第714条。

41. 逾期退房应付费，市场价格做比对

——承租人逾期退还房屋，出租人可否请求按市场价支付房屋使用费？

事件再现

老郭将一套公寓房出租给某商贸公司，合同约定租期 20 年，年租金 6 万元。合同临近到期前 6 个月，商贸公司提出以原租金标准续约，但双方未能达成一致。合同期限届满时，老郭要求退房，而商贸公司却既不退房，也不支付任何费用。老郭遂诉至法院，主张商贸公司按照当时的市场价年租金 12 万元的标准支付房屋使用费。

裁判要点

原房屋租赁合同到期终止，承租人继续占用房屋，原告主张应当按照市场价支付房屋使用费的，法院予以支持，判决商贸公司按年租金12万元的标准支付逾期租赁房屋使用费。

法律分析与提示

在房屋租赁合同期限届满，出租人明确表示不再续约，并要求返还房屋的情况下，原租赁合同终止。此时承租人继续占有、使用房屋没有合法依据，并非原租赁合同的继续，故仍然以原租赁合同约定的标准计算房屋使用费缺乏依据。房屋使用费的支付数额，应以填补出租人的损失为原则。在租赁市场中，早年签订的中长期租赁合同的租金标准明显低于当前的市场价，适用原合同标准显然不能弥补出租人的现有损失。本案中，合同期限届满，出租人老郭提出返还房屋，但商贸公司依然占用房屋，且不支付任何费用，老郭主张按照市场价支付房屋使用费，符合法律原则，故法院予以支持。

合同约定的房屋租赁期限届满，双方当事人之间的权利义务关系即告终止，承租人应当及时返还房屋，否则既要支付房屋使用费，还可能要承担违约责任或赔偿损失，甚至可能要承担房屋意外毁损灭失的风险。

法条链接

《民法典》第733—734条；《最高人民法院关于审理城镇房屋租赁合同纠纷案件具体应用法律若干问题的解释》第13条。

42. 承揽委托和雇佣，三类合同要分清

——委托专业人员拆除旧房屋时导致损害发生，该损失由谁承担？

事件再现

大塘养殖场要拆除院内一栋旧房屋，委托小周去办理，小周联系经营挖掘机的小朱，双方同意后小周向小朱支付了前期费用。后小朱指示挖掘机驾驶员小马前去拆除房屋，当天小周在现场指挥，小马因操作不当导致与拆除房屋相邻的围墙倒塌，致使停放在围墙外的车辆被压坏。车主小李将小朱、小马、小周及养殖场诉至法院，主张赔偿修车费等损失。

裁判要点

养殖场与小朱之间形成的是承揽合同关系，承揽人在完成工作过程中对第三人造成损害或者自己受到损害的，定作人不承担责任。但当定作人对定作、指示有过错时，定作人应当承担相应的责任。小周是受托人，其责任由委托人养殖场承担。原告小李的车辆维修等费用由承揽人小朱承担主要责任，养殖场作为定作人对定作指示有一定过失，承担次要责任。

法律分析与提示

本案涉及承揽关系、委托关系和雇佣关系。承揽合同是承揽人按照定作人的要求完成工作、交付工作成果、定作人支付报酬的合同。承揽合同以完成工作成果为目的，承揽人以自己的设备、技术和劳力完成主要工作，具有独立性，不受合同相对人的支配。承揽合同履行中产生的风险由完成工作成果的承揽人承担，定作人对定作、指示或者选任有过错的，承担相应的责任。本案中，养殖场是定作人，小朱是承揽人，小马由小朱按月发工资，是小朱的雇员，承揽合同的责任人是小朱。养殖场委托小周办理拆除房屋事宜，小周的行为后果由委托人养殖场承担。所以原告小李主张的车辆维修等费用由承揽人小朱承担主要责任，养殖场作为定作人承担次要责任。

承揽关系、委托关系、雇佣关系，都是生活中常见的不同类型的法律关系，这三类关系中各方参与者的风险和责任差异很大，我们应当了解其区别，学会适当地选择和风险防范。

法条链接

《民法典》第770—772条，第1192—1193条。

43. 管道破裂污水冒，物业责任跑不掉

——小区公共排污管道破裂，导致业主受损，物业公司是否承担责任？

事件再现

金泰小区业委会与某物业公司签订的物业服务合同中，约定了物业服务费支付标准等内容。业主小李因未及时支付物业费，被物业公司起诉了，要求其补交物业费并支付违约金。诉讼中，业主小李认为，小区公共区域管道破裂，大量污水排入其购买的地下室仓库内，导致其财物受损，因此才拒绝支付物业费。小李当庭提出反诉，主张物业公司赔偿其房屋维修费用和财物损失。

裁判要点

依法成立的合同自始有效，当事人应当按照约定诚实信用地全面履行自身义务，业主应支付所欠的物业服务费。物业公司在提供物业服务的过程中存在勤勉不足、沟通不畅等问题，对纠纷的产生负有责任，对其违约金主张，法院不予支持。根据相关法律规定及物业服务合同约定，物业公司作为案涉楼房的物业管理者，其对公共排污管道负有日常检查、维护和管理的责任，物业公司怠于认真履行职责，给业主造成损失，判决物业公司承担相应的赔偿责任。

法律分析与提示

业主应当依照物业服务合同的约定支付物业服务费，物业公司有过错导致业主损失不能成为业主拒交物业费的理由，物业公司和业主都应当全面履行物业服务合同。物业公司疏于管理，未能及时发现排污管道存在的安全隐患，给业主造成损失，依法应当承担赔偿责任。物业公司如认为因第三人原因导致损失扩大的，可另行向第三人主张赔偿责任。本案中，业主小李以物业公司服务不尽责为由拒交物业费，于法无据。物业公司未及时维护公共管道安全，导致业主小李财物损失，应予赔偿。

物业公司对房屋及公共设施负有日常检查、维护和管理的责任，物业公司应当积极履行职责，加强服务意识，避免因怠于履行职责给业主造成损失，进而引发业主与物业公司之间的矛盾纠纷。

法条链接

《民法典》第287条，第937条，第942条，第944条。

44. 新药试验风险高，损害补偿不能少

——患者参与药物临床试验时受到损害，能否得到赔偿或补偿？

事件再现

老张因罕见病到某医院就诊，经医生详细介绍某制药公司的某药物试验的步骤、方法和风险后，老张同意参与试验并签署了《知情同意书》。3个月后，老张突发大面积脑梗死，经研究者判定，不排除为血栓造成，可能与试验药物有关。老张将某医院和某制药公司诉至法院，主张二者承担连带赔偿责任。

裁判要点

当事人一方不履行合同义务或者履行合同义务不符合约定的，应当承担继续履行、采取补救措施或者赔偿损失等违约责任。依据双方签订的医疗服务合同，在试验期间或在遵守试验中规定的正常程序时发生的损害，由试验申办方承担治疗费用及相应的经济补偿。本案中，原告接受药物试验后突发脑梗，经判定不排除与试验药物有关联性，申办方有义务对原告所发生的损害进行补偿。某医院在执行试验过程中并无过错，故不承担连带责任。法院酌定某制药公司对原告予以补偿。

法律分析与提示

临床试验一般由申办者即制药公司或医疗器械生产厂家委托医院等医疗机构实施，申办者可以获得临床试验结果并依据该结果申请药品或医疗器械注册。根据权利义务对等的原则，以及药物临床试验管理相关规定，申办者作为试验结果的最终受益者，应当对由试验的不确定性风险带来的损害承担责任。所以制药公司作为试验申办者应当对临床试验损害进行赔偿或补偿。

患者参与医疗机构的临床试验，受试者有知情同意权。医院应当向受试者或其监护人告知试验目的、用途和可能产生的风险等详细情况，并由本人或其监护人签署知情同意书。实践中，因告知沟通欠缺引发的纠纷占比较高，应当引起各方重视。

法条链接

《民法典》第 509 条，第 577 条，第 1008 条。

45. 看错姓名汇错钱，不当得利应返还

——使用手机银行转账时不慎转错收款人了，对方拒不退还怎么办？

事件再现

朋友委托小王转账 10 万元至陆民账户，小王误将鲁民当成陆民，将 10 万元转到了鲁民账户。小王发现后，立即与鲁民沟通，但鲁民拒绝返还，称该笔款是小王代小马偿还的借款，随后将该笔款项转至自己儿子账户。小王立即报警并诉至法院，主张鲁民返还不当得利 10 万元及利息，并赔偿交通费、律师费等相关维权费用。

裁判要点

他人没有法律根据取得不当利益，受损失的人有权请求其返还不当利益并赔偿损失。本案被告未提交证据证明其获得该笔款项有正当依据，构成不当得利。原告要求被告返还该笔款项的诉讼请求，于法不悖，法院予以支持，其维权费用的主张没有法律依据，法院不予支持。

法律分析与提示

不当得利的构成要件为，获得利益的一方无取得利益的法律根据，致使对方遭受损失，即获利与损失之间存在因果关系。不当得利关系中受损失的一方有权要求返还。本案中，有证据证明小王受朋友委托转账10万元给陆民，却错汇款给了鲁民，且有事后报警和沟通记录为证，法院认定鲁民取得10万元没有法律依据，属于不当得利，应当予以返还。鲁民的辩解没有证据支持和法律依据。

一旦发生错误转账，应及时保存证据，主动与对方协商沟通，维护自己的合法权益。实践中，造成不当得利的后果，受损人本身也可能存在过错，受损人对自身过错亦应承担相应的责任。

法条链接

《民法典》第122条，第985—987条。

AI陪伴者
本软件可设定
明星陪伴~
任你调教~
?!
软件公司
啊？侵权了？
法院传票

第四编 人格权

自由无价
尊严至上

46. 自愿卖肾签协议，违法买卖被严禁

——自愿出卖人体器官，为获取报酬签订协议，该协议有效吗？

事件再现

小马进城打工，到刘老板的公司面试，没承想误入一家“黑公司”。刘老板向小马介绍该公司是做器官移植的，取一个肾给6万元，且不损害健康。小马急于挣钱便签字同意卖肾，小马右肾被摘除后，经鉴定为7级伤残。后小马报警并向法院提起刑事附带民事诉讼，请求刘老板支付人身损害赔偿金。

裁判要点

法律禁止以任何形式买卖人体器官，违反该规定的买卖行为无效，即便当事人自愿签订买卖人体器官协议的，该协议仍依法无效。因此小马自愿签订的卖肾协议应属无效，法院判决刘老板对小马的人身损害承担赔偿责任。同时，小马本人亦具有一定过错，也应当承担相应的责任。

法律分析与提示

公民的生命权、身体权和健康权受法律保护，禁止以任何形式买卖人体器官，违反该规定的买卖行为无效。也就是说，即便被害人自愿签订协议，因该行为违反法律的禁止性规定，买卖人体器官的协议也是无效的。本案中，刘老板除被追究组织出卖人体器官罪的刑事责任外，还应当对小马的健康造成的损害承担民事赔偿责任，因小马应当知道自己的行为违法，为了取得报酬而自愿出卖器官，也存在一定过错，应当自行承担部分责任。

人体（包括人体细胞、人体组织、人体器官和遗体）对于救助生命和医学研究具有不可替代的重要价值，法律虽然禁止买卖人体，但鼓励和倡导合法的捐赠行为。完全民事行为能力人有权依法自主决定无偿捐献其人体，如果自然人生前未表示不同意捐献，在其死亡后，其配偶、成年子女、父母可以共同决定捐献。

法条链接

《民法典》第 1006 条，第 1007 条。

47. 父姓母姓为哪般？孩子利益应优先

——未成年子女可否主张自主选择自己的姓名？

事件再现

小张与小李育有一女张彬彬，女儿5岁时二人离婚，约定女儿由母亲小李抚养。后小李将女儿姓名变更为“李彬彬”，并一直使用“李彬彬”生活、学习，还参加各种学习竞赛，获得多种获项。8年后，“李彬彬”的名字被父亲小张变更回“张彬彬”，致使其学习、生活产生困扰。经与父母双方协商未果，未成年的女儿将父亲小张诉至法院，请求判令其配合将自己的姓名变更为“李彬彬”。

裁判要点

自然人享有姓名权，有权依法决定、使用、变更或者许可他人使用自己的姓名，任何组织或者个人不得侵害他人的姓名权。父母离婚后应当尊重未成年子女的姓名权，应坚持以未成年人利益最大化为原则处理矛盾纠纷。本案中，原告多年来持续使用“李彬彬”这一姓名，该姓名已成为其人格标志。原告已满 12 周岁，具备自主选择姓名的能力，继续使用该姓名，有利于其身心健康和成长。根据未成年人利益最大化原则，法院依法判决被告配合原告将户籍登记姓名变更回“李彬彬”。

法律分析与提示

子女可以随父姓或者随母姓，子女有表达能力的，应尊重子女的意见。本案中，原告以“李彬彬”参加各类校内外活动，该姓名既已为亲友、老师、同学所熟知，成为其稳定的生活、学习环境的重要组成部分，继续使用该姓名，更有利于其学业、身心健康成长。原告虽属限制民事行为能力人，按其目前的年龄和智力水平，已具备自主选择姓名的能力，故法院尊重其自身意愿的表达，作出正当合理的判决。

在实务中，因夫妻离异，一方变更未成年子女姓名而引发的纠纷频繁出现。实际上，子女随父姓或随母姓，均还是生父、生母的子女，也不会损害生父、生母及他人的合法权益，在变更子女姓名的问题上，父母应当协商一致，并本着子女利益最大化的原则，充分考虑子女本人的意愿。

法条链接

《民法典》第 1012 条，第 1015—1016 条。

48. 擅用他人公司名，损人利己法不容

——故意利用同行业其他公司名称为自己公司牟利，是否构成侵害名称权？

事件再现

大豹公司系搜索引擎运营商，小龟公司购买了大豹公司的搜索广告服务，并时常使用同行业“大壳公司”的名称为关键词，对本公司进行商业推广。通过搜索“大壳公司”关键词，结果页面前两条词条均指向小龟公司，而大壳公司的官网词条却相对靠后。大壳公司认为小龟公司擅自使用大壳公司名称进行客户引流，侵犯其名称权；大豹公司明知上述行为构成侵权仍施以帮助亦构成侵权，故诉至法院，主张小龟公司、大豹公司停止侵权，赔礼道歉，消除影响并承担连带赔偿责任。

裁判要点

法人、非法人组织享有名称权，任何组织或者个人不得以干涉、盗用、假冒等方式侵害其名称权。本案中，大壳公司作为具有一定知名度的企业，其名称具有一定的经济价值。小龟公司擅自使用大壳公司名称进行营销，侵犯了其名称权。大豹公司作为案涉搜索引擎运营商，对外开展付费广告业务，其对小龟公司的关键词设置负有严格审查的义务。因大豹公司未正确履行审查义务，客观上对案涉侵权行为提供了帮助，构成共同侵权，法院判决小龟公司、大豹公司书面赔礼道歉、澄清事实、消除影响并连带赔偿原告的经济损失。

法律分析与提示

企业的名称权受法律保护，行为人是否构成侵害企业名称权，应当根据行为人确有实施侵权行为、行为有损害后果以及该行为与损害后果之间有因果关系、行为人主观上有过错等要件进行认定。本案中，被告小龟公司擅自使用具有一定知名度的其他公司的名称为自己牟利，构成侵权。被告平台运营商大豹公司未尽审慎审查义务，构成共同侵权，应当承担连带赔偿责任，故判决大豹公司与小龟公司共同承担侵权责任。

名称权是企业从事商事活动的重要标识性权利，借他人之名为自己谋取不正当利益，属于侵权行为。同时，网络服务提供者对网络“竞价排名”关键词权属负有审查义务，如果怠于履行审查义务，就要承担连带责任。

法条链接

《民法典》第1013—1014条。

49. 职场实施性骚扰，道歉赔偿不能少

——员工职场遭受性骚扰，有权请求精神损害赔偿吗？

事件再现

小林与张三是同事，张三为追求小林，频繁向其拨打电话、发送骚扰短信。小林十分困扰，便将此事告知单位。单位要求张三写下保证书，保证不再骚扰小林。但张三仍不悔改，小林遂报警。公安机关经查证，认定张三在一年期间，多次干扰他人正常生活，对张三作出行政拘留并处罚款的处罚。因张三的频繁骚扰，给小林造成了严重的精神损害。小林诉至法院，请求判令张三向其书面赔礼道歉，并支付其精神损害赔偿金。

裁判要点

违背他人意愿，以言语、文字、图像、肢体行为等方式对他人实施性骚扰的，受害人有权依法请求行为人承担民事责任。侵害自然人人身权益造成严重精神损害的，被侵权人有权请求精神损害赔偿。本案中，被告以言语、文字对原告实施性骚扰，依法应当承担民事责任。根据本案侵权行为的方式、程度及后果等因素，法院判决被告向原告书面赔礼道歉，并向原告支付精神损害抚慰金。

法律分析与提示

性骚扰行为与性有关，行为人以获取性方面的生理或心理满足为目的，且具有明确具体的针对对象，其核心是违背他人意愿。本案中，张三通过电话、短信等方式长期对小林实施性骚扰，且经单位劝阻和公安机关行政处罚仍不悔改，给小林造成了极大的精神伤害，其侵权行为后果严重，应当依法承担相应的民事责任。

性骚扰中的受害人不分性别，可以是所有的自然人，实践中利用职权和从属关系的性骚扰情形较多。单位对预防性骚扰负有义务，机关、企业、学校等单位应当为防止和制止性骚扰采取合理的措施，包括事前预防、事中接受投诉和事后调查处置等。单位未尽到采取合理措施义务的，受害人有权依法请求单位承担民事责任。

法条链接

《民法典》第 1010 条，第 1165 条，第 1183 条；《妇女权益保障法》第 23 条，第 25 条。

50. 艺人剪影可识别，肖像侵权花样新

——使用知名艺人明显可识别性的肖像剪影，侵害艺人肖像权吗？

事件再现

开开公司将知名艺人小何的照片处理成肖像剪影，在其微信公众号文章中使用，文中称公司将迎来一名神秘人物并提供了大量具有明显指向性的人物线索，该文评论区大量留言均提及小何名字或其网络昵称。小何认为开开公司侵犯了其肖像权，遂诉至法院，请求判令被告立即撤下并销毁相关线下宣传物料、公开赔礼道歉并赔偿经济损失。

裁判要点

《民法典》以“外部形象”“载体反映”“可识别性”三要素对肖像进行了明确界定，尤以可识别性作为判断是否为肖像的最关键要素。本案中，即便被告对原告照片进行了加工处理，无法看到完整的面部特征，但剪影所展现的面部轮廓（包括发型）仍具有原告的个人特征，属于原告的外部形象，而案涉文章的文字描述内容具有较强的指向性，加强了该肖像剪影的可识别性，案涉文章的留言部分精选出的大量留言均评论该肖像剪影为小何，更加印证了该肖像剪影的可识别性，构成对原告肖像权的侵害，法院判决被告赔礼道歉并向原告支付经济赔偿金。

法律分析与提示

自然人享有肖像权，任何个人未经权利人许可不得公开肖像权人的肖像。因未经授权的使用造成他人损害的，应当赔偿损失。本案中，被告未经原告同意，将原告的可识别肖像剪影在其微信公众号文章中公开使用，试图利用法律规则的模糊地带获取知名艺人的肖像利益，事实上侵犯了原告的肖像权。因原告是知名艺人，其肖像具有较高的商业价值，故法院酌情确定原告的损失，判决被告赔偿损失。

随着信息和数字技术的不断升级和应用，新类型侵害肖像权案件越来越多，上述典型案例表明，非法获取他人的肖像利益，将构成对公民肖像权的侵害，应当承担侵权责任。立法的本意是对公民肖像权进行实质的、完整的保护，广大公民和组织应当知法守法，尊重他人，保护自己。

法条链接

《民法典》第1018—1019条。

51. 虚拟人物来陪伴，姓名肖像皆侵权

——“AI 陪伴”软件擅自使用名人形象创设虚拟人物，构成侵权吗？

事件再现

在大百公司运营的某款智能软件中，用户可以自行添加“AI 陪伴者”，设定“AI 陪伴者”的名称、头像、与用户的关系、相互称谓等，并设置“AI 陪伴者”与用户的互动内容。小李系公众人物，未经其许可，大百公司的软件中出现了以其姓名、肖像为标识的“AI 陪伴者”，同时，大百公司通过算法应用，将该角色开放给众多用户，允许用户上传大量小李的“表情包”，制作图文互动内容从而实现“调教”该“AI 陪伴者”的功能。小李认为大百公司侵害了其姓名权、肖像权和一般人格权，遂诉至法院，请求判令被告赔礼道歉并赔偿损失。

裁判要点

案涉软件用户使用原告的姓名、肖像创设虚拟人物，制作互动素材，将原告的姓名、肖像、人格特点等综合而成的整体形象投射到AI角色上，该AI角色形成了原告的虚拟形象，被告的行为是对原告整体人格形象的使用，同时还涉及对原告的人格自由和人格尊严的侵害。虽然具体图文由用户上传，但被告的产品设计和对算法的应用实际上鼓励、组织了用户的上传行为，直接决定了软件核心功能的实现，被告不只是中立的技术服务提供者，而应作为内容服务提供者承担侵权责任。因此，被告构成对原告姓名权、肖像权和一般人格权的侵害。法院判决被告向原告赔礼道歉并赔偿损失。

法律分析与提示

自然人享有姓名权和肖像权，任何人不得侵害。随着人工智能时代的来临，虚拟现实等新技术不断发展，自然人人格要素被虚拟化呈现的应用场景日益增多，法律对人格权的保护也随之发展。上述典型案例表明，自然人的人格权及于其虚拟形象，同时，技术服务提供者并非总是中立的，其有可能在产品设计和对算法的应用上对侵权产生实质性影响，从而被认定为内容服务提供者，要承担侵权责任。

人工智能应用领域有很多新问题需要关注，相关参与主体需要高度重视，了解并遵守相关法律法规，以免陷入侵权纠纷。

法条链接

《民法典》第1012条，第1014条，第1018—1019条。

52. 名誉侵权要赔偿，维权也要防误伤

——公司未核实侵权人身份，侵犯无辜企业名誉权，应当承担什么责任？

事件再现

安医公司与健科公司均生产防护口罩，健科公司投诉安医公司盗用其产品图片、冒用其公司名义在国际电商平台销售产品，并在公司官网、微信公众号上发布指责安医公司的文章，文章被各大网络平台转载，致使安医公司名誉受损，销售下滑。实际上，安医公司在国际电商平台并未注册账户，盗用、冒用系他人所为，安医公司遂诉至法院，请求判令健科公司停止侵权并赔礼道歉。

裁判要点

法人、非法人组织享有名称权、名誉权和荣誉权。任何组织或者个人不得以侮辱、诽谤等方式侵害他人的名誉权。本案中，被告健科公司未经核实，便采取投诉和公开发布指责声明的方式，侵犯同行业安医公司的名誉，致使其商业信誉降低，构成侵犯企业名誉权，法院判令健科公司停止侵害、删除发布在网站上的不实信息并登报赔礼道歉。

法律分析与提示

名誉权关乎企业社会声誉，维护企业名誉权对企业至关重要。一旦企业名誉权受到侵害，会使其社会评价降低，给企业经营造成不利影响。侵害名誉权的行为，行为人一定具有过错，这种过错不仅表现为故意，还表现为过失。本案中，健科公司对自己的行为存在过错，并给原告造成了名誉损害，虽然主观上不存在恶意，也应当承担相应的民事责任。

如果发现电商平台上存在盗用、冒用等侵权行为，应当采取以下措施进行维权：收集侵权证据；向平台投诉；联系平台客服，要求采取删除、屏蔽、断开链接等必要措施；寻求和解；民事诉讼；刑事报案；加强保护措施，预防再次侵权。如果是未核实信息来源，便主观认定侵权人，容易造成误伤并引发侵权责任。

法条链接

《民法典》第 110 条，第 179 条，第 1024 条。

53. 恶意差评心不良，赔礼道歉又赔偿

——捏造事实给商家差评，损害商家名誉，要承担什么法律责任？

事件再现

小胡是网络博主，某日在网上食品店购买酥饼等食品，因包装和物流问题对卖家不满，便在网络平台发布食品视频，并编造事实，配有“家人们，原来他家饼添加剂超标！别买！”等评价，该内容被百余人点赞、转发、评论，播放量近千次，给卖家造成了不良影响和经济损失。卖家以侵害名誉权为由将小胡告上法庭，请求判令其赔礼道歉并赔偿相关损失。

裁判要点

任何组织或者个人不得以侮辱、诽谤等方式侵害他人的名誉权。消费者对生产者、经营者、销售者的产品质量或者服务质量可以进行批评、评论，但借机恶意诋毁，损害其名誉的，应当认定为侵害名誉权。本案被告的视频及对应的文字描述不符合客观事实，且导致食品店品牌信誉和社会评价降低，其行为构成名誉权侵权。法院判决小胡公开发布声明赔礼道歉，消除影响，并赔偿原告的维权费用。

法律分析与提示

民事主体享有名誉权，任何组织或者个人不得以侮辱、诽谤等方式侵害他人名誉权。网购者陈述或评论时，要客观、公正，可以合理差评，但不得随意使用贬损性词语对卖家进行不当定性。实践中对是否构成侵权，将结合行为人的身份、评价内容的相关措辞及其影响力、传播方式等因素进行综合判断。本案中，食品店系个体工商户，依法享有名誉权。小胡作为有影响力的博主，在发表言论时应当比普通消费者有更高的注意义务，而其未经调查核实，便对食品店的食品作出贬损性评价，给卖家造成社会评价降低，因而构成名誉侵权。

买卖双方都应当遵守法律边界，网购过程中买家评论往往是卖家商业信誉最直观的体现，是商家重要的无形资产。消费者有批评监督权，但不能滥用，不能恶意诽谤攻击他人。商家有接受消费者监督的义务，应当把合理的批评、意见当作改进的动力。当然也不是无原则地容忍，遇到恶意刁难者也要依法维权。

法条链接

《民法典》第 1024 条。

54. 信用评价影响大，尽职尽责不能差

——金融机构怠于核查更正债务人的信用记录、评价，侵害名誉权吗？

事件再现

小李曾经为朋友贷款提供过担保，后经法院生效裁判认定小李的保证责任被免除。3年后，小李查询发现自己被列入不良征信记录名单，遂向某银行提出书面异议，并申请消除不良征信记录。但该银行在收到小李提出的异议后，未上报信用更正信息，导致小李的不良征信记录一直未消除，致使小李从事金融活动受到限制。小李遂诉至法院，请求判令某银行协助撤销其不良征信记录，并登报赔礼道歉、消除影响。

裁判要点

信用评价关涉个人名誉，民事主体享有维护自己的信用评价不受他人侵害的权利，有权对不当信用评价提出异议并请求相关主体采取更正、删除等必要措施。被告某银行未及时核查原告小李已依法免除担保责任的情况，在收到原告的异议申请后，仍未上报信用更正信息，造成征信系统对原告个人诚信度作出不实记录和否定性评价，导致原告在办理信用卡、贷款等金融活动中受限制，其行为构成对原告小李名誉权的侵害。法院判决被告向中国人民银行征信中心报送个人信用更正信息。

法律分析与提示

银行作为提供信用评价信息的专业机构，具有准确、完整、及时报送用户信用信息的权利和义务，发现信用评价不当的，应当及时核查并及时采取必要措施，否则构成名誉侵权。本案中，某银行怠于核查小李已依法免除担保责任的行为，给小李带来不属实的负面信用评价，是对小李名誉权的侵害。法院遂判决被告报送个人信用更正信息予以纠正，因报送更正信息足以消除影响，故对小李主张赔偿损失、赔礼道歉等诉讼请求不予支持。

信用是名誉的重要组成部分，信用评价对民事主体的名誉影响巨大。信用评估机构具有如实记录、准确反映、及时更新用户信用记录的义务，否则就应当对民事主体的名誉权损害承担民事责任。

法条链接

《民法典》第1029条。

55. 推销电话声声烦，不堪其扰诉侵权

——通信公司未经许可不断拨打推销电话，侵犯用户隐私权吗？

事件再现

9年前，小徐在某通信公司入网并办理了电话卡。近期小徐不断收到自称某通信公司工作人员的推销电话，以“回馈老客户”“赠送”“升级”等为由向小徐推销套餐升级业务。为此小徐两次向该公司投诉，又向工信部电信用户申诉受理平台申诉，均未能制止。小徐遂向法院起诉，请求判令某通信公司承担侵权责任。

裁判要点

未经权利人明确同意，以电话、短信、即时通信工具等方式侵扰他人私人生活安宁，是侵害隐私权的违法行为。某通信公司构成隐私侵权，法院判决其停止侵权并赔偿小徐相关损失。

法律分析与提示

《民法典》对隐私权和个人信息保护作了专门规定。本案中，小徐使用某通信公司提供的移动通信号码，并向其付费，与之形成电信服务合同关系。某通信公司在小徐多次明确表示不接受电话推销业务后，仍不停止推销，侵扰了小徐的私人生活安宁，构成对小徐隐私权的侵犯。应当承担停止侵权、赔偿相关经济损失和精神损害赔偿的责任。

自然人均享有隐私权，隐私是自然人的私人生活安宁和不愿为他人知晓的私密空间、私密活动及私密信息。任何组织或个人不得以刺探、侵扰、泄露、公开等方式侵害他人的隐私权。侵犯隐私权，除应当承担停止侵害、赔礼道歉、赔偿损失等民事责任外，还可能要承担罚款、拘留等行政责任，情节严重的还会受到刑事追究。

法条链接

《民法典》第 110 条，第 179 条，第 1032—1033 条。

56. 可视门铃为安全，不料侵害隐私权

——近距离安装可视门铃，侵害邻居隐私权吗？

事件再现

小赵和小孙两家住在同一楼层，某日小赵发现小孙家入户门上安装了一款采用人脸识别技术、可自动拍摄视频并存储的可视门铃，位置正对小赵家入户门和窗户。小赵认为，小孙可通过手机App操控可视门铃、长期监控自己的进出行踪，侵犯了其隐私。小孙认为，自己从未有窥探别人隐私的意图，安装可视门铃是出于安全考虑，对方应予理解，不同意将可视门铃拆除或移位。后小赵诉至法院，请求拆除可视门铃。

裁判要点

隐私权是一项独立的人格权。任何组织和个人不得以刺探、侵扰、泄露、公开等方式侵害。被告虽是在自有空间内安装可视门铃，但设备拍摄的范围超出其自有领域，摄入了原告的住宅。原告的生活安宁受到侵扰。因此，被告的安装行为已侵害了原告的隐私权。被告辩称其没有侵犯原告隐私的主观意图，原告对此应予容忍等意见，于法无据，不予采纳。法院裁判被告拆除其安装于入户门处的可视门铃。

法律分析与提示

自然人的隐私生活安宁和私密信息受法律保护，不允许其他组织或者个人非法收集、利用、侵扰和公开。安装的可视门铃可以监控、拍摄相邻业主的隐私信息，构成对相邻业主的隐私侵扰和生活妨碍。本案中，小孙虽是在自己门上安装可视门铃，但设备拍摄的范围超出其自有领域，摄入了邻居的住宅领域，小赵的生活安宁将受到侵扰。因此，小孙的安装行为已侵害了小赵的隐私权，法院支持了原告的诉讼请求。

为了自身人身、财产安全以及便利生活等合法目的的需要，安装具有摄像存储等功能的可视门铃并无不妥。但当该行为侵害他人隐私权时，隐私权将得到优先保护，所以要正当、规范地使用智能家居产品，避免侵权。

法条链接

《民法典》第1032—1033条。

57. 宾馆房间摄像头，窥视隐私有预谋

——发现宾馆房间装有偷拍摄像头，应该怎样处理？

事件再现

老李到外地出差，住进安心宾馆。几天后，老李发现电视机下面有个针孔摄像头。老李叫来宾馆经理询问，经理支支吾吾，说不知道谁干的。老李提出偷装摄像头给其造成了精神损害，要求宾馆承担侵权责任，宾馆认为是第三人所为，自己很无辜，双方协商不成，老李遂诉至法院，要求宾馆赔礼道歉并赔偿房费及精神损害抚慰金。

裁判要点

隐私权是自然人享有的私生活安宁及对其私人信息、私人活动和私有领域进行支配，不被他人非法侵扰、知悉、收集、利用和公开等的一种人格权。宾馆客房内系私密领域，宾馆经营者未发现客房内装有针孔摄像头，属于疏于履行管理职责，存在过错，侵犯了原告的隐私权，依法应当承担侵权责任。同时，受害人有权请求精神损害赔偿。法院对原告要求宾馆赔礼道歉并赔偿精神损害的请求予以支持。

法律分析与提示

隐私是自然人的私人生活安宁和不愿为他人知晓的私密空间、私密活动、私密信息。任何组织或者个人不得擅自进入、拍摄、窥视他人的住宅、宾馆房间等私密空间；不得拍摄、窥视、窃听、公开他人的私密活动；不得拍摄、窥视他人身体的私密部位等。受害人除了可以向安装偷拍摄像头的违法行为人追究侵权责任外，还可以向未尽到安全保障义务的宾馆追究侵权责任。同时，受害人还可以向公安部门投诉，要求根据《治安管理处罚法》，给予侵权人拘留、罚款的行政处罚。

当您入住宾馆、民宿等经营性场所，应当注意自身防护，一旦发现异常，立即拍照、录像保留证据，投诉、报警。宾馆、民宿等经营场所，应当经常检查维护设施设备，严格规范管理，防止内部或者外部人员违法违规安装摄像设备，一旦发生此类情况，经营者没有尽到安保责任，应当承担相应的赔偿责任。

法条链接

《民法典》第1032—1033条，第1198条。

58. 刷脸才能进小区，不合理来法无据

——刷脸才能进入小区，侵权吗？

事件再现

玫瑰小区物业公司为了疫情防控的需要，采用人脸识别作为出入小区的验证方式。业主小吴对这种做法十分抵触，认为物业公司的做法不合法，侵害了业主的人格权，违反了处理人脸信息需要遵循的合法、正当、必要的原则。小吴多次要求物业公司删除其人脸信息并提供其他出入方式，但均被拒绝，遂诉至法院。

裁判要点

人脸识别信息属于法律保护的个人信息范畴，除法律、行政法规另有规定外，处理个人信息应征得该自然人或者其监护人同意，同时应当遵循合法、正当、必要的原则。如果有业主不同意采取人脸识别验证方式，而要求物业公司提供其他合理验证方式的，物业公司不能以智能化管理为由予以拒绝。本案中，物业公司以人脸识别验证方式系疫情防控的需要并经业委会同意为由，拒绝提供其他验证方式，不符合法律及司法解释的规定。法院判决物业公司删除人脸信息并提供其他通行验证方式，并赔偿原告的合理费用。

法律分析与提示

人脸识别信息作为敏感的个人信息，具备较强的人格属性，一旦被泄露或者非法使用，可能导致人身、财产安全受到危害，故更应谨慎处理和严格保护。物业服务提供者只有在业主知情同意的前提下方能收集和使用人脸识别信息，且须遵循合法、正当、必要的原则。本案中，物业公司未遵循法律和司法解释的相关规定，以人脸识别方式作为进入小区的唯一方式，故此，对业主小吴的诉请主张法院依法予以支持。

人脸识别是人工智能的重要应用，近年来已经逐渐渗透到社会生活的各个方面。人脸识别信息，深度体现特定自然人的生理和行为特征，应当严格保护，禁止不当滥用。

法条链接

《民法典》第 1034—1035 条；《最高人民法院关于审理使用人脸识别技术处理个人信息相关民事案件适用法律若干问题的规定》第 10 条。

我是你的妻子，身患残疾，
不要遗弃我……
妈妈——

第五编　婚姻家庭

长幼有序
和谐共生

59. 两情相悦送大礼，一朝分手起争议

——恋爱期间发送的红包和汇款，能主张返还吗？

事件再现

小李有一份可心的工作，且收入不菲，他在与小刘恋爱期间，向小刘支付宝账户转账、微信账户转账以及发微信红包金额合计 12 万元。转账多为 520 元、1314 元等特殊金额，最大单笔转账金额为 2 万元。二人交往期间，小刘也给小李发过小额红包，还退还过部分红包。二人分手后，小李要求小刘退款被拒绝，遂诉至法院，请求判令小刘返还恋爱期间的转账款。

裁判要点

判断某笔款项是彩礼还是恋爱期间的一般赠与，主观上要看双方是否以结婚为目的，客观上要考察支付款项类型、支付方式是否具有习俗性、给付财物的数额、给付方经济状况等因素。本案中，法院认定双方恋爱期间为了表达爱意而互相赠送礼物或者支出金钱属于自愿作出的民事法律行为，系赠与而非彩礼，故法院驳回了原告的诉讼请求。

法律分析与提示

赠与是自愿给付金钱或财产性利益，一旦履行了，一般不能要求返还。而彩礼是以缔结婚姻关系为目的，基于当地的风俗，男方向女方家庭给付的金钱或其他财产性利益。本案中，小李出于发展恋爱关系的目的，自愿给小刘转账，不属于彩礼。且小李的收入较高，其赠与小刘的款项并未远超其经济承受能力，也不存在小刘恶意索取钱财的事实依据，故法院对小李的诉讼请求不予支持。

恋爱期间的赠与，有些赠与人自以为是附结婚条件的赠与，其实不然。赠与关系是一种双方民事法律行为，在附条件时必须双方达成意思表示一致，否则不成立附条件赠与。一般赠与，赠与后原则上不允许撤销，赠与人要求返还赠与财物的，一般得不到法院的支持。男女双方在恋爱中应相互尊重，既不应利用物质作为婚姻的筹码，也不应借婚恋索取财物。

法条链接

《民法典》第 158 条，第 657 条，第 663 条，第 1042 条。

60. 结婚彩礼下轿费，一旦悔婚酌情退

——送了高价彩礼，女方悔婚了，男方能否要求返还？

事件再现

小王和小徐确定恋爱关系后，小王共给付小徐金项链、钻石戒指等首饰，合计价值 3 万元。双方谈婚论嫁时，小王应小徐家的要求给付订婚彩礼 10 万元。随后双方举办了婚礼，但未领取结婚证。二人一起生活两个月后发生矛盾，小徐回到娘家不再回来。小王诉至法院，请求判令小徐返还首饰和订婚彩礼。

裁判要点

原告与被告缔结婚约支付了彩礼，双方举办了婚礼并共同生活两个月，但未办理结婚登记，后两人分手，原告要求被告返还彩礼，具有事实和法律依据。法院综合双方共同生活的时间、彩礼数额、未办理结婚登记手续等因素，判决小徐返还小王首饰折价款 3 万元、返还彩礼 7.2 万元。

法律分析与提示

彩礼应当返还的情形有：双方未办理结婚登记、双方办理结婚登记手续但未共同生活、婚前给付并导致给付人生活困难。此外还有两种特殊情况，一是双方已办理结婚登记且共同生活，但共同生活时间较短且彩礼数额过高；二是双方未办理结婚登记但已共同生活，这两种情况法院可以根据彩礼实际使用及嫁妆情况，结合彩礼数额、共同生活及孕育情况、双方过错等事实，结合当地习俗确定是否返还以及返还的具体比例。本案属于第二种特殊情况，原、被告双方未办理结婚登记但已共同生活，故法院结合本案实际情况酌定被告返还部分彩礼。

有些涉彩礼纠纷，父母可能会成为当事人，不得不参与到诉讼中来。如婚约财产纠纷，婚约一方及其实际给付彩礼的父母可以作为共同原告；婚约另一方及其实际接收彩礼的父母可以作为共同被告。所以，婚恋双方及其父母应当共同处理好相关事务，预防矛盾纠纷。

法条链接

《民法典》第 1042 条；《最高人民法院关于适用〈民法典〉婚姻家庭编的解释（一）》第 5 条；《最高人民法院关于审理涉彩礼纠纷案件适用法律若干问题的规定》第 6 条。

61. 祖孙情深来探望，其乐融融家兴旺

——祖父母对孙子女有探望权吗？

事件再现

老马夫妇生有一子小马，小马与小朱结婚并生有一女小美。小美出生不足两个月时小马意外去世，小美一直随母亲小朱生活。老马夫妇提出探望孙女小美，被小朱拒绝，老马夫妇遂诉至法院，请求判令：原告每周五下午5时将小美接走，周日下午6时送回；寒暑假由原告陪伴小美。

裁判要点

虽然我国法律并未对祖父母或者外祖父母是否享有隔代探望权作出明确规定，但探望权系与人身关系密切相关的权利，通常基于血缘关系产生；孩子的父、母一方去世的，祖父母与孙子女的近亲属关系不因父或母的去世而消灭。本案原告的诉讼请求符合法律原则和我国传统家庭伦理观念及公序良俗。法院判决老马夫妇对小美每月探望两次，每次不超过五个小时，小朱可在场陪同或予以协助。

法律分析与提示

《民法典》虽未对隔代探望权作出具体规定，但明确了处理民事纠纷的原则。按照我国风俗习惯，隔代近亲属探望孙子女符合社会人伦情理，不违背公序良俗。未成年人的父、母一方死亡，祖父母或者外祖父母向法院提起诉讼请求探望孙子女或者外孙子女的，法院将按照最有利于未成年人、有利于家庭和谐的原则，在不影响未成年人正常生活和身心健康的情况下，依法予以支持。本案中老马夫妇老年痛失独子，其要求探望孙女符合人之常情和法律原则，因此，法院予以支持，并根据双方的实际情况作出合情合理的裁判。

探望权的主体主要指离婚后不直接抚养子女的父或母，一般不包括祖父母或其他亲属。近年来，祖父母要求探望孙子女的案件逐渐增多，其要求绝大多数得到了法院的支持。法院支持隔代探望权，主要考量是否有利于未成年人健康成长和亲情培养，以及对老年人的精神慰藉等。

法条链接

《民法典》第 10 条，第 1043 条，第 1045 条，第 1086 条。

62. 继子床前来尽孝，分得财产不能少

——成年继子女对继父母尽了较多赡养义务，是否可以分得抚恤金？

事件再现

老张有三子，孙女士有一子小孙，在小孙 34 岁时，老张与孙女士结婚。老张生前十多年一直与孙女士、小孙在小孙所有的房屋中生活。老张和孙女士均患有癌症，小孙对老张履行了赡养义务。老张去世后，其单位向孙女士发放抚恤金 16 万元。老张的三个儿子诉至法院，请求分割老张的抚恤金，并主张老张与小孙之间不存在继父子关系，小孙没有抚恤金的分配资格。

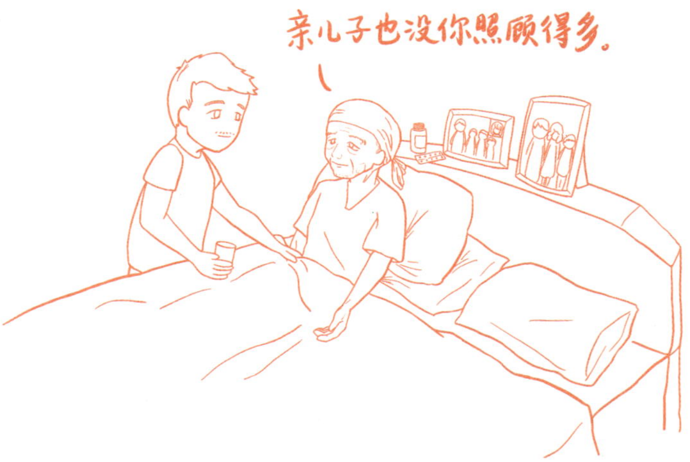

裁判要点

死亡抚恤金是针对死者近亲属的一种抚恤，不是遗产，但在分配上，应参照继承相关法律规范进行处理。本案应由老张的配偶、子女参与分配，子女包括有抚养赡养关系的继子女。成年继子女对继父母履行了赡养义务的，应认定为有扶养关系的继子女。法院认定小孙对老张履行了赡养义务，双方形成了扶养关系。判决孙女士享有老张死亡抚恤金 40% 的份额，小孙与老张的三个儿子各享有 15% 的份额。

法律分析与提示

本案中，老张与孙女士再婚时，小孙虽已成年，但三人长期共同居住生活在小孙所有的房屋，形成了紧密的家庭成员关系，且老张和孙女士均患有癌症，小孙对老张履行了赡养义务，故法院认定老张与小孙之间形成了继父子关系。考虑到孙女士年老患病，故法院酌定孙女士分得较多的份额，小孙与老张的三个儿子分得相同的份额。

生活中，继父母和继子女的关系有多种类型。名义型的继父母和继子女之间，是纯粹的直系姻亲关系，彼此没有父母子女间的抚养赡养权利义务关系。共同生活型的继父母和继子女之间，继父母对继子女承担了抚养教育义务，或者成年继子女事实上对继父母承担了赡养义务，形成了赡养关系。这些继子女和生父母、继父母之间形成了双重权利义务关系。

法条链接

《民法典》第 1043 条，第 1045 条，第 1072 条，第 1127 条，第 1130 条。

63. 强扭瓜果难下咽，胁迫婚姻惹祸患

——子女受父母胁迫结婚，可否请求依法撤销婚姻？

事件再现

小朱在母亲的安排下与小李相亲，小李家境优越，小朱的母亲力促二人成婚。但小朱不喜欢小李，她明确告诉母亲不想和小李交往。但其母却以死相逼，小朱被迫与小李登记结婚。婚后近一年双方未建立起感情，也未有过夫妻生活，小朱因想离婚而与母亲发生过多次激烈冲突。最终小朱诉至法院，请求撤销其与小李的婚姻关系。

裁判要点

因胁迫结婚的，受胁迫的一方可以向人民法院请求撤销婚姻。结婚需男女双方完全自愿，不允许任何人加以强迫或者干涉。原告小朱的母亲以口头恐吓及自杀威胁让其与小李办理婚姻登记，导致原告的结婚行为并非出自其真实的意思表示，构成胁迫婚姻，原告在双方婚姻登记后1年内提出撤销婚姻登记之诉，符合法律规定，法院予以支持。

法律分析与提示

结婚应当是男女双方完全自愿的行为，禁止任何一方对另一方加以胁迫，禁止任何组织或者个人加以干涉。本案中，小朱已经明确表示不愿意和小李恋爱、结婚，而其母却以死相逼，小朱只好违心地与小李登记结婚，婚后一直试图离婚却又遭到母亲的阻止。小朱的母亲严重干涉了小朱的婚姻自由，故依法可以请求撤销，并得到法院的支持。

胁迫婚姻是指婚姻关系中的一方或者他们之外的第三人，对婚姻关系中的另一方予以威胁或强迫，使其违背自己的意愿而缔结的婚姻。胁迫婚姻违反了婚姻自由原则，属于可撤销婚姻。但实践中的情况比较复杂，如果当事人婚后建立了感情，不提出撤销婚姻，法院也不能主动干预。

法条链接

《民法典》第1046条，第1052条；《妇女权益保障法》第61条。

64. 婚前体检求心安，重大疾病莫相瞒

——结婚后才知道配偶隐瞒重大疾病，

可以起诉撤销婚姻吗？

事件再现

小张和小杨结婚后，向小杨坦白，自己多年前患上了艾滋病，需要长期吃药。小杨听后很害怕，担心自己被感染和遗传给孩子，被迫做了人工流产，并起诉请求撤销婚姻。

裁判要点

一方患有重大疾病的，应当在结婚登记前如实告知另一方；不如实告知的，另一方可以向人民法院请求撤销婚姻。本案被告小张在婚前患有艾滋病多年，且仍在服药，但未告知原告小杨，该疾病足以影响原告是否缔结婚姻的真实意思表示，且足以对婚后生活造成重大影响，应当认定为法律规定的“重大疾病”，法院判决撤销原告与被告的婚姻关系。

法律分析与提示

如果一方婚前隐瞒重大疾病，结婚后对方向法院请求撤销婚姻，应当在知道或者应当知道对方隐瞒重大疾病之日起1年内提出。艾滋病被认定为是婚前应告知对方的重大疾病，本案中，小张未在结婚登记前告知小杨自己患有艾滋病，显然不当，小杨在得知后1年内提出撤销婚姻，符合法律规定，故法院予以支持。

对于重大疾病的范围，《民法典》没有具体列举，随着科学技术的进步和医疗水平的提高，重大疾病的范围会有所变化，在具体案件中如何认定，由司法机关和有关部门根据实际情况掌握。

法条链接

《民法典》第5条，第1053条。

65. 百年修得同船渡，夫妻之间要相助

——夫妻一方身有残疾、无收入来源，另一方应当支付扶养费吗？

事件再现

小林与小赵婚后育有一女，小林身有残疾，无生活来源，婚后一直居家操持家务，照顾女儿，小赵每月给小林生活费。近6个月以来，小赵拒绝向小林支付生活费，还不允许小林回家居住。小林只好在亲戚家附近租房居住，房租费用均由亲戚帮助垫付，小林无奈之下向法院起诉，主张小赵按月向其支付扶养费。

裁判要点

家庭成员之间的抚养、扶养和赡养，不仅仅是道德的要求，也是法定的义务，本案中，原告、被告系合法夫妻，原告身有残疾，没有任何经济来源，作为丈夫的被告对原告负有扶养义务，被告应当主动承担起扶助供养的义务，现原告主张被告向其支付扶养费，于法有据，法院予以支持。

法律分析与提示

夫妻双方有相互扶养的义务，需要扶养的一方，在另一方不履行扶养义务时，有要求其给付扶养费的权利。本案中，小林身为残疾人，没有能力外出工作，无收入来源，只能在家照顾孩子。其丈夫小赵在外工作，有收入来源，应当尊重小林家务劳动的价值并给予一定的扶助，故法院支持了小林的诉讼请求。

夫妻相互负有扶养义务，该义务具有法定强制性，夫妻之间不得以约定的形式加以改变。有扶养能力的一方，对于因失业、残疾、患病、年老等原因缺乏生活来源的另一方，须主动履行扶养义务。即使夫妻实行分别财产制，约定各自收入归各自所有，也不意味着不承担扶养对方的义务。一方不履行扶养义务，情节恶劣的，还有可能构成遗弃罪，会承担刑事责任。

法条链接

《民法典》第 1059 条。

66. 婚姻裂缝难复合，抚养子女要尽责

——祖父母代为抚养未成年孙女，父母的法定抚养义务能免除吗？

事件再现

小李与小徐婚后生育一女小妞，小妞自1周岁起就跟随爷爷老李和奶奶老王共同生活，父母未支付过小妞的生活费。小妞6岁时，父母离婚。老李夫妇诉至法院，请求判令小李和小徐支付小妞5年的抚养费。

裁判要点

父母是未成年子女的监护人。小妞系未成年人，其父母系其法定监护人，对其负有抚养、教育和保护的义务。老李夫妇作为祖父母，主张小妞自1周岁起一直由其抚养的一切开销，于法有据，法院予以支持。

法律分析与提示

在父母有抚养能力的情况下，祖父母对未成年孙子女并无法定的抚养义务。只有在父母已经死亡或者无力抚养未成年子女的情况下，有负担能力的祖父母对孙子女才有抚养的义务。祖父母出于亲情代为抚养孙子女，其间支付的医疗、教育、生活费等费用，不能当然视为对子女的无偿赠与，在没有明确约定的情况下，构成无因管理之债，祖父母有权要求子女返还垫付的费用。本案中，被告是小妞的父母，对小妞有法定的抚养教育义务，他们有抚养能力而不履行抚养义务，而老李夫妇对小妞没有法定的抚养义务，他们代替被告对小妞进行抚养教育，构成无因管理，故法院判决支持原告的诉讼请求。

父母是抚养教育未成年子女的第一责任人，作为父母，不能将老人出于亲情的帮助视为理所当然，应当承担起养育子女的法定责任，呵护子女幼小心灵，为子女的健康成长树立良好榜样。

法条链接

《民法典》第27条，第1074条，第1084—1085条。

67. 房本加名反悔难，不想赠与莫轻言

——婚前个人房产婚后加名，离婚时如何分割？

事件再现

小张与小朱登记结婚前，父母全资给他买了一套房子。婚后办房屋所有权证时，小张将小朱登记为房屋共同共有人，后双方产生矛盾而分居。3 年后，小朱起诉离婚并主张分割案涉房屋一半的份额。小张认为房屋是父母赠与自己的，不是夫妻共同财产，且小朱有转移夫妻共同财产的行为，不应当分得房屋。

裁判要点

虽然案涉房屋系婚前男方父母为自己儿子全资购买，但男方在婚后办理不动产登记时的加名行为，应视为对女方的赠与，认定案涉房屋为夫妻共同财产。现双方婚姻关系解除，共同共有的基础已不复存在。法院依法综合考虑相关因素，认定案涉房屋归被告小张所有，被告小张按照房产价值25%的比例向原告小朱支付补偿款。

法律分析与提示

离婚时，夫妻的共同财产由双方协议处理；协议不成的，由人民法院根据财产的具体情况，按照照顾子女、女方和无过错方权益的原则判决。因此，法院综合考虑小张和小朱的购房出资、离婚原因、过错情况等因素确定女方获得一定比例的房屋价值补偿。

房屋所有权证书是权利人享有房屋所有权的凭证，婚前一方购买的房产在婚后加上配偶的名字，是一种赠与行为，如果没有约定份额，就视为共同共有，房子从婚前个人财产变成了夫妻共同财产。这在夫妻发生矛盾或离婚时，容易产生财产分割争议。

法条链接

《民法典》第217条，第1087条；《最高人民法院关于适用〈中华人民共和国民法典〉婚姻家庭编的解释（二）》第5条。

68. 操持家务价值大，经济补偿不虚夸

——夫妻一方负担较多家庭义务，离婚时可以主张经济补偿吗？

事件再现

小刘与小杨结婚后生下一女，后小刘辞去高薪工作专职照顾家庭，小杨在外打拼。3年后，双方发生矛盾，小刘诉至法院要求与小杨离婚，并主张小杨支付离婚经济补偿。

裁判要点

夫妻一方因抚育子女、照料老年人、协助另一方工作等对家庭承担较多义务的，离婚时有权向另一方请求经济补偿。本案原告在女儿出生后，放弃高薪工作，居家养育小孩，照料家庭事务，客观上失去了其通过工作获取收入、提高能力和晋升的机会，综合考虑双方的经济状况以及双方婚姻关系存续时长等因素，法院酌定被告向原告支付一定的经济补偿金。

法律分析与提示

离婚家务补偿制度是对家务劳动无形价值的肯定，也是对付出较多家务劳动一方应有的尊重。本案中，小刘在女儿出生后放弃工作专心抚养孩子、照顾家庭，付出了较多家庭义务，法院的裁判体现了对家务劳动价值的尊重。

离婚经济补偿请求以负担了较多家庭义务为前提，并需要一方在离婚过程中主动提出，法院不会主动适用。补偿方式和数额，先由当事人双方协商，无法协商的，由法院根据实际情况依法判决。经济补偿数额应与负担较多一方付出的劳动、产出的价值相匹配，参考因素有：家务劳动时间、投入的精力、产生的效益等。

法条链接

《民法典》第 1088 条；《妇女权益保障法》第 68 条；《最高人民法院关于适用〈中华人民共和国民法典〉婚姻家庭编的解释（二）》第 21 条。

69. 婚前所得要尊重，财产分割要公平

——婚前个人所有的房屋，婚后卖掉重新购置，该房屋是夫妻共同财产吗？

事件再现

小王和小马结婚两年，小王卖掉了自己婚前的房子，并用该笔卖房款置换了一套新房屋，夫妻共同居住。后因双方感情疏远，小马提出离婚，小王同意，但双方对婚后置换的新房屋如何分割产生分歧。小王认为，新房屋是用其婚前房屋的卖房款购买的，并登记在其一人名下，仍是其婚前个人财产。小马认为新房屋属于夫妻共同财产，应当分割，故小马诉至法院，请求解除婚姻关系并对房屋进行分割。

裁判要点

夫妻一方的婚前个人财产，除当事人另有约定外，不因婚姻关系的延续而转化为夫妻共同财产。一方的婚前财产，即使婚后财产形式发生了变化，其所有权的归属依然不变，但当事人以生产、经营的方式使用除外。本案中，案涉房屋是婚前财产转化而来，双方并未对该房屋产权有过特殊约定，法院依法认定新房屋属于被告小王个人财产，驳回小马的诉讼请求。

法律分析与提示

夫妻一方个人财产的形式变化和自然增值，仍属于一方个人财产。一方婚后用个人财产购买房屋，该房屋属于个人财产的替代物，仍为个人财产，其自然增值也属于个人财产。一方个人财产在婚后用于生产、经营的收益，则属于夫妻共同财产，如婚后将房屋出租的租金，购买股票、基金、彩票等的收益。本案中，被告小王有证据证明新房屋系用婚前房屋的卖房款置换而来的，所以仍然属于其婚前个人财产，故法院认定该房屋属于被告小王个人财产。

夫妻个人财产又称夫妻特有财产，是夫妻在实行共同财产制的同时，依照法律规定或者夫妻约定，各自保留的一定范围的个人所有财产。为保护个人财产权利，《民法典》规定了个人财产的范围，除此之外，夫妻双方也可以对个人财产自行约定。

法条链接

《民法典》第 1062—1063 条。

70. 共债共签得周全，一方举债自己还

——在离婚冷静期内，夫妻一方举债，构成夫妻共同债务吗？

事件再现

小李和小林系夫妻关系，小李向小赵借款27万元，小李给小赵写了借条，明确了借款金额、利息及还款时间。借款到期后，小李拒不还钱。小赵遂诉至法院，请求判令小李和小林共同偿还借款及利息。庭审中，小林提出借款时他们夫妇正处于离婚冷静期内，后来办理离婚了。她对该笔借款毫不知情，该借款不是夫妻共同债务，不应当由她和小李共同偿还。

裁判要点

夫妻双方共同签名或者夫妻一方事后追认等共同意思表示所负的债务，以及夫妻一方在婚姻关系存续期间以个人名义为家庭日常生活需要所负的债务，属于夫妻共同债务。本案根据当事人提交的证据和法院查明的事实，法院认定案涉债务系被告小李个人债务，原告关于案涉债务系小李与小林夫妻共同债务的主张，不予支持，判决由被告小李个人偿还原告的借款及利息。

法律分析与提示

构成夫妻共同债务主要有以下情形：一是基于夫妻共同意思表示所负的债务，如夫妻双方共同签名或一方签名另一方事后追认等；二是为家庭日常生活需要所负的共同债务；三是债权人能够证明是夫妻共同债务。本案中，小李和小林在离婚冷静期内，二人已不相往来，小李个人对外借款，小林不知情，该借款也没有用于共同生活，所以不属于夫妻共同债务，小林没有偿还义务。

在现实生活中，夫妻一方以个人名义超出家庭日常生活需要所负的债务，如果债权人主张是夫妻共同债务，则需要债权人举证证明。如果债权人能够证明该债务是用于夫妻共同生活、共同生产经营或者是基于夫妻双方共同意思表示的，就属于夫妻共同债务，否则，属于举债方个人债务。所以，债权人应当更加谨慎，对于大额的借款，尽量要求夫妻共同签字，以控制借贷风险。

法条链接

《民法典》第1064条。

71. 遵守协议讲诚信，子女利益不容侵

——离婚协议中约定归子女所有的房屋，

离婚一方可以将其出售吗？

事件再现

小孙与小黄协议离婚时约定，7 岁的儿子小豆由父亲小孙抚养，小黄名下的一处房产归小黄和儿子小豆共同所有，待儿子年满 18 岁后，该房产归儿子所有，小黄应配合儿子办理房屋产权过户手续。离婚 5 年后，小黄将房屋出售给他人，小孙认为此行为违背离婚协议，严重侵害了未成年子女利益，于是诉至法院，小豆作为第三人，请求法院判令小黄将卖房款支付给小豆。

裁判要点

离婚协议中约定房屋归子女的，虽然房屋还没办理过户手续，但是因为该约定与离婚协议中夫妻双方解除婚姻关系等其他条款构成不可分割的整体，并且关系到对未成年人利益的保护，双方应当严格履行。本案离婚双方在离婚协议中对案涉房产进行了约定，因被告擅自处分案涉房产，侵害了原告和第三人对案涉房产的合法权益，依法应承担民事责任。故法院判决被告赔偿原告和第三人损失，向第三人小豆支付全部卖房所得款。

法律分析与提示

离婚协议是双方真实的意思表示，生效后双方应当严格履行。协议的内容包括对共同财产分割的约定，这往往成为法院判决的主要依据。本案中，小孙和小黄签订了离婚协议，办理了离婚登记，离婚协议已经生效。双方在离婚协议中将案涉房屋列为共同财产进行分割处理，双方均应履行协议约定的义务。而小黄违反协议约定，侵害了未成年子女利益，故法院依法支持原告的诉讼请求。

离婚协议系夫妻双方自愿离婚的意思表示，其中包含对子女抚养、财产及债务处理等事项的约定。所以离婚协议中对财产的处理，不是单纯的财产分割、转让或赠与，而是与离婚这一主要目的相关联、相统一的，离婚协议中任何一条或者一项改变，都可能引起其他条款的变化。所以在婚姻关系已解除的情况下，协议中的其他内容都应当严格履行，任何一方不得违反。

法条链接

《民法典》第 1076 条，第 1087 条。

72. 诉讼离婚分财产，共同债务平均担

——离婚诉讼中，如何处理夫妻共同财产与共同债务？

事件再现

小陈与小刘结婚10年，没有子女。最近3年双方发生矛盾且已经分居2年多，小陈提出离婚，但双方在财产分割和债务问题上分歧很大，无法通过协商办理离婚手续。小陈遂诉至法院，主张离婚并分割24万元共同存款，但对于存款数额，没有提交证据予以证明。庭审中，被告小刘表示同意离婚，但提出共同存款只有3万元，另有共同欠下的房租债务6万元，并提交了小陈书写的欠条作为证据。

裁判要点

法院审理离婚案件，应当进行调解，如果感情确已破裂，调解无效，应当准予离婚。因感情不和，分居满 2 年，调解无效的，应当准予离婚。本案中，小陈与小刘至今已分居 2 年多，庭审中双方均同意离婚，关于离婚的诉请应予准予。根据原、被告提交的证据，法院认定夫妻双方的存款数额为 3 万元，负债为 6 万元，判决案涉存款平均分配，案涉债务平均分担。

法律分析与提示

在诉讼中，当事人对自己的诉讼主张应当提供证据加以证明。本案中，小陈起诉时提出请求分割 24 万元夫妻共同存款，但其对这一诉讼主张未能提供充分有效的证据予以证实，故基于小刘的自认，法院认定双方夫妻关系存续期间的存款数额为 3 万元。另外，小陈对小刘提交的欠条，虽不认可，但却未能提供其他证据否定案涉欠条的真实性。故法院对小刘提交的欠条的真实性予以认定，并依据该欠条认定本案双方当事人在婚姻关系存续期间对外负有债务，判决案涉债务由双方当事人平均分担。

诉讼离婚适用于当事人对离婚有分歧的情况，包括一方要求离婚，另一方不同意离婚，或者双方虽然均同意离婚，但对于子女抚养、财产分割及债务处理等事项不能达成一致意见、作出适当处理的情况。

法条链接

《民法典》第 1079 条，第 1089 条。

73. 抚养子女费用多，父母分担莫推脱

——离婚后，超出约定数额的子女抚养费应当由谁承担？

事件再现

小李和小朱诉讼离婚时达成协议，女儿小丫由父亲小李直接抚养，母亲小朱每月支付600元抚养费。1年后，小丫因眼疾住院治疗，花去医疗费7000元。小李要求小朱负担一半的医疗费遭到拒绝，遂代理小丫诉至法院，要求小朱承担3500元医疗费。

裁判要点

离婚后，子女由一方直接抚养的，另一方应当负担抚养费。负担费用的多少和期限的长短，由双方协议或法院判决。而协议或判决不妨碍子女在必要时向父母任何一方提出超过原定数额的合理费用要求。本案中，原告请求被告分担医药费的主张于法有据，法院予以支持。

法律分析与提示

抚养费的数额，可以根据子女的实际需要、父母双方的负担能力和当地的实际生活水平确定。离婚后，有正当理由超出约定数额的子女抚养费支出，应当由父母双方分担。本案中，虽然小李和小朱在离婚协议中已经约定了抚养费金额，但是该约定只是满足女儿的一般日常生活、教育和医疗所需的费用，遇到突发性事件产生大额支出的情况，增加的费用应当由父母双方承担。小丫治病花费属于突发性事件产生的大额支出，所以母亲小朱应当负担一半。

夫妻离婚后，父母与子女之间的关系，不因父母离婚而消除，父母对子女仍有抚养和教育的权利和义务。离婚后的夫妻双方都有平等的负担子女生活费、教育费和医疗费的经济责任。离婚时确定的抚养费数额，是根据当时子女的需求、父母的经济状况和当地生活水平确定的，而随着具体情况的不断变化，法律赋予子女可以根据实际情况向父母任何一方提出增加抚养费的要求。另外，根据父母的负担能力，也有减免父或母抚养费的情况。

法条链接

《民法典》第1084—1085条。

74. 共同财产公平分，一方隐瞒可少分

——离婚后发现一方隐瞒夫妻共同财产，能否重新起诉请求再次分割？

事件再现

小杨和小张经法院调解达成离婚协议，协议约定夫妻共有的房屋和存款二人各分 50%，小张需要在限期内向小杨支付夫妻共同财产分割应得款 60 万元。但期限届满后小张并没有支付，小杨遂向法院申请强制执行。在执行过程中，小杨发现小张在离婚时隐瞒存款 15 万元，遂诉至法院，请求判令将小张隐瞒的共同财产归原告所有。

裁判要点

夫妻关系存续期间所得财产应属夫妻共同财产，夫妻离婚时，共同财产应当依法分割。离婚时，一方隐藏、转移、变卖、毁损、挥霍夫妻共同财产，或伪造债务企图侵占另一方财产的，在离婚分割时可以少分或不分。一方离婚后才发现有上述情形的，可以起诉请求再次分割。本案原告小杨有权依法起诉请求再次分割共同财产，法院判令小张支付小杨 9 万元及利息。

法律分析与提示

本案中，小张存在隐瞒夫妻共同财产的情形，离婚后被小杨发现，小杨可以起诉请求再次分割。在分配被隐瞒的财产时，因小张有过错，所以法院根据实际情况酌定给小张少分。

我国夫妻财产分割主要遵循三个原则，即均等分割、公平分割和照顾无过错方原则。均等分割适用于一般情况；公平分割考虑对弱势的帮助，体现夫妻扶助义务；照顾无过错方原则，目的是实现正义和国家保护。

法条链接

《民法典》第 1062 条，第 1092 条；《最高人民法院关于适用〈中华人民共和国民法典〉婚姻家庭编的解释（一）》第 83 条。

75. 未办登记只同住，事实婚姻不保护

——以夫妻名义同居 20 年，是否构成事实婚姻？

事件再现

老徐生活殷实，早年离异，自2000年起与小周同居20年。某日老徐突然病逝，留下房屋、汽车以及100万元存款等遗产。老徐去世后的第二天，其唯一的女儿小徐发现小周开始转移父亲的存款。小徐要求小周归还存款，小周称自己和老徐存在事实婚姻，是老徐的合法继承人，双方争执不下，小徐诉至法院，主张小周与老徐不存婚姻关系，要求小周返还100万元的不当得利。

裁判要点

判断男女双方是否存在婚姻关系，应当查证是否领取结婚证或者是否到婚姻登记机关进行了婚姻登记。本案被告小周主张与老徐存在事实婚姻，没有法律依据。小周对老徐的遗产没有继承权，其应将擅自转走的老徐的财产依法返还给老徐的法定继承人。

法律分析与提示

同居关系并非等同于事实婚姻，是否构成事实婚姻，需要依据法律和司法解释的规定来认定。1994 年 2 月 1 日民政部《婚姻登记管理条例》实施后，法律不再认可事实婚姻。本案中，小周和老徐自 2000 年同居，未办理结婚登记，尽管共同生活多年，也不构成夫妻关系。此外，老徐是突发疾病离世的，小周作为继承人以外的人，既不是依靠被继承人老徐扶养的人，也不是对被继承人老徐扶养较多的人，故没有理由分得老徐的遗产。

同居关系与婚姻关系的性质不同，在法律上的保护程度明显不同。发生纠纷时，同居关系当事人单纯请求解除同居关系的，法院不予受理。当事人因同居期间财产分割、子女抚养等起诉的，法院依法受理，并按照照顾妇女儿童利益、考虑双方过错程度等实际情况进行处理。

法条链接

《民法典》第 1049 条；《最高人民法院关于适用〈中华人民共和国民法典〉婚姻家庭编的解释（一）》第 3 条，第 7—8 条。

76. 婚姻解体尊严在，好聚好散莫相害

——一方婚内与他人同居并提出离婚，另一方可否主张离婚损害赔偿？

事件再现

老李与小杨结婚20余年，育有两个孩子，后双方发生矛盾，老李与婚外女人同居3年，其间亲友试图劝阻老李回心转意但无果。老李打定主意要离婚，向法院提起诉讼。经法院调解，双方均同意离婚，在离婚诉讼中，小杨要求老李支付精神损害赔偿金。

裁判要点

配偶一方违反夫妻忠实义务，在婚姻关系存续期间与婚外异性长期同居，严重伤害夫妻感情，导致婚姻破裂，无过错方有权请求离婚损害赔偿。本案原告小杨主张被告向其支付精神损害赔偿金，符合法律规定，法院判令被告老李向原告支付精神损害赔偿金。

法律分析与提示

在夫妻关系存续期间，夫妻双方有互相忠实、互相尊重的义务。一方在婚内与他人同居，是严重破坏婚姻关系、伤害配偶感情的行为，无过错方有权向法院请求离婚并支付精神损害赔偿金。本案中，被告老李在与小杨的婚姻关系存续期间与他人同居，给小杨的精神造成痛苦，小杨同意离婚，但要求老李支付精神损害赔偿金，法院认定老李婚内与他人同居，存在过错，对小杨构成精神损害，故对原告的诉讼请求予以支持。

离婚损害赔偿包括物质损害赔偿和精神损害赔偿。需要注意的是，无过错方作为原告起诉离婚的，损害赔偿请求必须同时提出。无过错方作为被告的，如果同意离婚，可以在诉讼中要求损害赔偿；如果不同意离婚，也未提出损害赔偿请求，可以在离婚后就离婚损害赔偿单独起诉。

法条链接

《民法典》第 1091 条；《最高人民法院关于适用〈中华人民共和国民法典〉婚姻家庭编的解释（一）》第 88 条。

77. 家暴伤害忍多年，跳出藩篱天地宽

——丈夫家暴，妻子起诉离婚，能否获得离婚损害赔偿？

事件再现

小郭与张三共同生活10年，育有一子，儿子出生后，双方补办了结婚登记手续。二人共同生活期间，张三经常对小郭和孩子进行暴力殴打，致使小郭身心受到严重伤害，有报警记录、照片等为证。小郭起诉离婚并要求张三支付损害赔偿金。张三承认酒后打过小郭，但不认为存在家庭暴力，拒绝给付损害赔偿金。

裁判要点

原告主张婚姻关系存续期间被告有家暴行为，并提交了报警记录、诊断证明、照片等证据。法院认定，被告对原告存在家庭暴力，判决准予离婚，酌定被告张三给付原告小郭离婚损害赔偿金2万元。

法律分析与提示

夫妻一方以家暴为理由起诉离婚且证据充分，应当认定夫妻感情确已破裂，准许离婚。同时，存在家庭暴力，也是无过错方主张离婚损害赔偿的法定情形。本案中，张三对小郭经常实施家暴，导致小郭受到身体伤害和精神痛苦，张三应当对小郭给予赔偿。法院综合考虑家暴程度、损害后果和张三的支付能力，酌情判决张三支付赔偿金。

离婚损害赔偿制度的确立，是为了制裁实施重婚、婚外同居、家庭暴力等行为的有过错当事人，使无过错方得到补偿和慰藉。但法院并不主动判决有过错方对无过错方予以赔偿，法院需要根据受损害方的请求依法审查和裁判，受损害方应当在离婚诉讼中自行决定是否提出损害赔偿的请求。

法条链接

《民法典》第1091条；《最高人民法院关于适用〈中华人民共和国民法典〉婚姻家庭编的解释（一）》第88条。

78. 收养登记与公告，法律程序不可少

——委托他人代养的孩子，被第三人收养，该收养关系能否予以撤销？

事件再现

小周和小王夫妇育有一子小强，小强刚满月不久父母就离婚了，小强随父亲小周生活。随后小周将小强委托小马代养。小马代养小强后，近一年之中都无法联系到小周，便报警谎称自己捡到一男婴，后小强被送到福利院抚养。2个月后，小赵夫妇向民政局申请收养小强，民政局很快就办理了收养登记并出具了收养登记证。又过了8个月，小周和小王诉至法院，要求撤销民政局的收养登记。

裁判要点

收养查找不到生父母的未成年人的，办理登记的民政部门应当在登记前予以公告。

本案民政局对小强身份的认定不属实，收养登记前应当公告而未予公告，属于程序违法，法院认定收养关系无效，判决予以撤销。

法律分析与提示

法律规定，查找不到生父母的未成年人可以被收养，但为最大限度地查找未成年人的生父母，民政部门在办理收养登记前必须进行公告，公告期为60日，如无人认领，则视为查找不到生父母的弃婴、儿童。本案中，小强是小周委托小马代为抚养的，不是弃婴，不符合被收养条件，民政局事实认定有错误。另外，民政局未经公告就办理收养登记，属于程序违法。故小强的生父母提起行政诉讼，要求撤销民政局收养登记的请求得到法院的支持。

收养关系属于法律拟制血亲关系，一旦收养关系成立，被收养人与亲生父母之间的权利和义务关系便告终结，收养人与被收养人之间产生法定的父母子女关系，其权利和义务与亲生父母子女相同。收养程序必须遵守法律规定，以确保收养关系的有效性。

法条链接

《民法典》第1093条，第1105条；《中国公民收养子女登记办法》第7条。

请离开我爸的房子！
这个房子我也有份儿。
起诉

第六编 继 承

家族财富
依法传承

79. 放弃继承发声明，出尔反尔可不行

——继承人放弃继承权后又反悔，是否可以得到法院的支持？

事件再现

小王有兄弟3人，在其父亲去世后，小王签署了《放弃继承权声明书》，声明放弃对其父亲的房产等遗产的继承权，并办理了公证。后小王以自己经济困难为由，想继承其父遗产中属于自己的份额。但他的两个弟弟和母亲不同意，小王便将这3人诉至法院，请求法院判决自己继承法定份额。

裁判要点

在遗产处理后，继承人对放弃继承反悔的，法院不予承认。遗产处理前或在诉讼进行中，继承人对放弃继承反悔的，由法院根据其提出的具体理由，决定是否承认，反悔理由证据不足的，法院不予承认。本案原告在办理放弃继承公证时已明确表示其知晓并愿意承担放弃继承的一切法律后果，现提出反悔并主张继承，违反诚信原则且缺乏充分依据，法院不予支持。

法律分析与提示

本案中，继承人作为完全民事行为能力人，对其签署的《放弃继承权声明书》和《公证书》的法律效力应有清晰的认识，其放弃继承，应知晓其对案涉房屋不再享有任何权利。原告小王主张案涉遗产一直未分割，且其现在的经济情况大不如签署放弃协议时优越，生活出现困难，但其未能提供证据予以证明，应承担不利的法律后果。

签署放弃继承权声明应当非常慎重，继承开始后继承人以书面形式作出放弃继承的表示，又在遗产处理前或者在诉讼进行中，对放弃继承反悔的，法院会从公平原则、诚实信用原则、维护其他民事主体的权利和交易安全等角度出发综合予以审查，如果该继承人不是属于无劳动能力且无其他生活来源，以及在继承发生之前依赖于被继承人维持生活的情形，该继承人书面放弃继承又反悔的，一般不会得到法院支持。

法条链接

《民法典》第1124条；《最高人民法院关于适用〈中华人民共和国民法典〉继承编的解释（一）》第35—36条。

80. 遗弃丧失继承权，悔悟宽恕得周全

——继承人十几年对被继承人不闻不问，是否丧失继承权？

事件再现

老张夫妇育有一子一女，十几年前因家庭事务，与儿子小张发生冲突，后小张一走了之。老两口生活、医疗都由女儿小妹照顾，小张十几年来对父母不闻不问。近年来，小张主动与父母和好，父母病重期间贴心照顾，二位老人从心里原谅了儿子当初的行为。他们立下共同遗嘱，将自己名下房屋中的一套留给小张继承。老张夫妇去世后，女儿小妹提起诉讼，主张小张遗弃被继承人，已经丧失继承权，不能继承父母的房产。

裁判要点

继承人遗弃被继承人或者虐待被继承人，情节严重的，将会丧失继承权。遗弃行为指的是继承人对其应当承担扶养义务的被继承人长期不履行扶养义务，导致被继承人在生活上无人照料。本案被告小张有遗弃父母的行为，但已经得到父母的宽恕并在遗嘱中将其列为继承人，可依据遗嘱内容依法继承。

法律分析与提示

继承人长期不履行扶养义务，可以被认定为遗弃行为。但是，如果继承人有悔改表现，并且被继承人表示宽恕或者事后在遗嘱中将其列为继承人，那么该继承人并不会丧失继承权。本案中，被告小张对父母十几年不闻不问，属于遗弃行为。但法律注重亲情修复，规定了宽恕制度，小张自觉纠正不良行为，得到了父母的谅解，父母愿意把一套房屋留给小张继承，小张的继承权便不丧失，可依据遗嘱依法继承。

继承人如有故意杀害被继承人等五种法定情形则丧失继承权，但其中三种情形下是有可能得到宽恕而不丧失继承权的，包括遗弃被继承人，或者虐待被继承人情节严重等。法律作此规定是为了最大限度地促进恢复和谐家庭关系，缓和家庭矛盾和对立。

法条链接

《民法典》第 1125 条。

81. 法定继承不均分，多尽义务可多分

——对被继承人尽了主要扶养义务又生活困难的配偶，可以多分遗产吗？

事件再现

老陈与老伴陈太太有儿子小陈和女儿小妹，二人有房屋一套和少量存款。15 年前，陈太太患病不能自理，从住院治疗至去世均由老陈照顾。儿子小陈因犯罪长期服刑，女儿小妹在异地定居，极少看望老人。陈太太刚去世，女儿小妹便起诉要求继承母亲的遗产。

裁判要点

被继承人未留遗嘱，按照法定继承顺序继承。对生活有特殊困难又缺乏劳动能力的继承人，在分配遗产时，应当予以照顾。对被继承人尽了主要扶养义务或者与被继承人共同生活的继承人，在分配遗产时，可以多分。本案的继承人均是第一顺序法定继承人，法院认定老陈对被继承人照顾较多，在分配遗产时，应予以照顾。因此，法院酌定遗产中的房产、银行存款均归老陈继承，老陈分别给付小陈、小妹少部分房屋折价款。

法律分析与提示

同一顺序继承人继承遗产的份额，一般应当均等，子女与配偶虽同为第一顺序法定继承人，但在依照法定继承分配遗产时，对被继承人尽了主要扶养义务或者与被继承人共同生活的继承人，可以多分；而对有扶养能力和有扶养条件却不尽扶养义务的继承人，应当不分或少分；对生活有特殊困难又缺乏劳动能力的继承人，在分配遗产时，应当予以照顾。本案中，老陈符合上述可以多分遗产的条件，故法院的裁判保护了老陈的合法权益。

除以上规则外，当继承人遗弃被继承人或者虐待被继承人达到情节严重时，该继承人将依法丧失继承权。权利义务是对等的，家庭是组成社会的细胞，家庭成员应当知法守法、相互扶助。

法条链接

《民法典》第 1125 条，第 1130 条。

82. 生父继父皆亲眷，继女皆有继承权

——继子女可以同时继承继父母和生父母双份遗产吗？

事件再现

孙女士和张先生离婚时女儿小玉 10 岁。离婚后孙女士与老李结婚，小玉在生母和继父老李的抚养下生活。张先生离婚后与刘女士结婚，婚后育有一子小宝。小玉 30 岁时，继父老李去世，小玉作为继女继承了老李的遗产。小玉 45 岁时，其生父张先生去世，留下一笔遗产。小玉作为女儿向生父的遗孀和自己同父异母的弟弟要求分配生父的遗产，但遭到拒绝，小玉便诉至法院，主张作为第一顺序继承人继承生父的遗产。

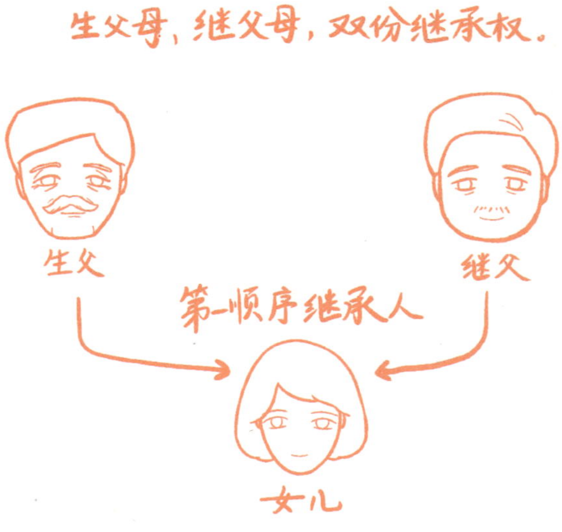

裁判要点

第一顺序的法定继承人包括配偶、子女、父母，其中，子女包括婚生子女、非婚生子女、养子女和有扶养关系的继子女。父母包括生父母、养父母和有扶养关系的继父母。继子女继承了继父母的遗产，不影响其继承生父母的遗产。本案被继承人张先生与原告小玉系亲生父女关系，原告对生父的遗产享有继承权，可以依法继承其生父张先生的遗产。

法律分析与提示

子女对生父母的遗产享有继承权，即便子女未对生父母尽到赡养义务，也不当然丧失继承权，但是分配遗产时可以少分或者不分。继子女对继父母享有继承权的前提是继父母对继子女尽了抚养义务，双方形成扶养关系，或者成年继子女对继父母尽了较多赡养义务，双方形成继父母子女关系。这两个继承关系可以并存，互不影响，继子女继承了继父母的遗产，不影响其继承生父母的遗产。

法定继承又被称为“无遗嘱继承”，继承人的范围、继承顺序、继承份额等均由法律直接规定。法定继承中的子女的范围不仅包括有血缘关系的子女，还包括能够证明形成了上述继父母或养父母子女关系的子女。

法条链接

《民法典》第1127条；《最高人民法院关于适用〈中华人民共和国民法典〉继承编的解释（一）》第11条。

83. 赡养公婆如亲生，第一顺位来继承

——丧偶儿媳对公婆的遗产享有继承权吗？

事件再现

小刘和小张婚后育有一子小虎，他们与公婆共同生活。后小张出国工作，小刘母子仍然留在国内与老人一起生活，相互照顾。小张的妹妹张小妹定居异地，对父母只是问候和偶尔看望。5 年后小张不幸病逝，小刘一人抚养儿子，并护理患病的公婆，直到十年后公婆相继去世。对于老人留下的遗产，张小妹认为自己是法定继承人，身为儿媳的小刘没有继承权，双方发生纠纷，张小妹诉至法院。

丧偶儿媳给公婆养老送终，有继承权。

裁判要点

丧偶儿媳对公婆尽了主要赡养义务的，应作为第一顺序继承人。小刘在失去丈夫后，与公婆共同生活，长期供养、照顾和帮助医疗救治，直至老人去世，尽到了一个正常子女对父母赡养、照顾的义务，法院认为，小刘应作为第一顺序继承人继承公婆的遗产。

法律分析与提示

丧偶儿媳能够取得第一顺位继承人的资格，是因为在丧偶后客观上尽到了相当于子女的主要赡养义务。“尽了主要赡养义务”的判断要素是：在赡养时间上要具有长期性；在赡养程度上，丧偶儿媳应提供了公婆经济上的主要供养、帮助，或者主要照料公婆的日常生活起居，这样才能作为第一顺序继承人继承遗产。

法定继承是以继承人与被继承人之间的血缘关系和婚姻关系为前提和依据的，儿媳与公婆（或女婿与岳父岳母）之间是没有血缘关系的，两者属于姻亲关系。从婚姻家庭法律关系上讲，他们之间并无抚养、赡养的权利和义务。在符合特定条件的情况下，法律赋予丧偶儿媳和丧偶女婿以第一顺位继承人的资格，体现了法律对于家庭内部互助互爱的积极倡导和鼓励。

法条链接

《民法典》第1128—1129条。

84. 照顾老伴十余年，同居也能分遗产

——同居多年，照顾扶养，没领证的“老伴”有权分得遗产份额吗？

事件再现

老李离婚时，儿子小李已经成年独立生活。后老李与陈女士共同生活10年，碍于子女反对二人没有领取结婚证。老李患有尿毒症，陈女士十年如一日悉心照顾。同居期间，老李和陈女士共同出资购买了一套商品房。老李多次病危住院以及做手术，陈女士皆以配偶身份签字、照顾。老李去世后，陈女士仍住在与老李共同生活的房屋内。小李认为自己是老李的唯一继承人，将陈女士诉至法院，要求其搬离该房屋。

裁判要点

对被继承人扶养较多的继承人以外的人，可以分给适当的遗产。本案因陈女士与老李在同居期间共同出资买房，该房屋依法应当认定为共有。同居期间陈女士对被继承人确实尽了较多的扶养义务，应当分得其遗产。法院酌定陈女士分得老李部分遗产份额，对共有房屋，陈女士继续居住。原告继承其父老李房屋中的部分比例，陈女士向其支付相应的折价款。

法律分析与提示

同居关系不同于婚姻关系，对于非婚同居期间的财产，若双方有财产协议，则依照相关协议处理；若无协议或者协议约定不明，原则上分别所有。同居男女的一方在同居期间死亡的，另一方不能以配偶身份主张继承权。在没有遗嘱或遗赠扶养协议的情况下，法定继承人以外的对被继承人扶养较多的人，可以分得适当的遗产。本案中，陈女士虽然不是老李的法定继承人，但二人同居多年，陈女士对老李尽了较多扶养义务，依法可以分得老李的遗产。二人居住的房屋，本来就是同居共同财产，陈女士有权继续居住。

与被继承人有扶养关系的继承人以外的人，仅在遗产按照法定继承办理时方可请求分给适当遗产。如果被继承人生前立有有效遗嘱，或以遗赠扶养协议等处分了其全部遗产，则应尊重被继承人的意愿。

法条链接

《民法典》第 1131 条，第 1153 条，第 1156 条。

85. 亲舅舅后继无人，外甥女代位继承

——外甥女能否代位继承舅舅的遗产？

事件再现

老张的父母和妻子均离世了，也没有子女，只有一个姐姐张大姐，张大姐去世后留下女儿小林。老张晚年和他的堂侄孙小张长期共同生活，由小张照顾其饮食起居，他们二人名下有一套房子，登记显示为老张和小张二人共同共有。老张去世后，其外甥女小林起诉小张，要求继承房屋中属于舅舅老张的遗产。

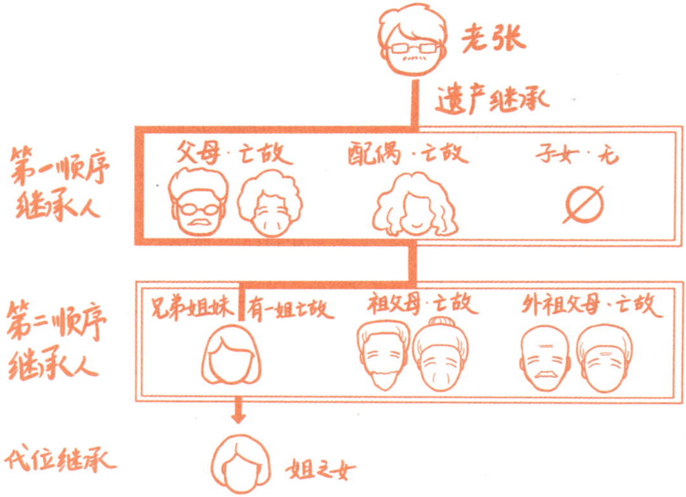

裁判要点

被继承人的兄弟姐妹先于被继承人死亡的，由被继承人的兄弟姐妹的子女代位继承。对被继承人尽了较多扶养义务的继承人以外的人，可以分得适当的遗产。本案中，原告小林系张大姐的代位继承人，享有法定继承权。被告小张对被继承人尽了较多扶养义务，可以分得适当的遗产。法院根据有利于生产生活、便于执行的原则，房屋判归小张所有，由小张向小林支付部分房屋折价款。

法律分析与提示

本案中，老张生前未订立遗嘱，也未签订遗赠扶养协议，故老张的遗产应由其继承人按照法定继承办理。被继承人老张死亡时，作为第一顺位继承人的父母、妻子均死亡，且没有子女，应由第二顺位继承人即其姐姐张大姐继承，但张大姐已经先于老张死亡，张大姐的女儿小林对老张的遗产依法享有代位继承权。小张与老张长期共同生活，对老张尽了较多的扶养义务，故小张作为继承人以外的对被继承人扶养较多的人，可以分得适当遗产且可多于小林。

法律赋予兄弟姐妹的子女享有代位继承权，是为了保护公民私有财产，减少遗产无人继承收归国有的情况。同时，法律规定继承人以外的对被继承人扶养较多的人，也可以适当分得遗产，体现了权利义务相一致原则。

法条链接

《民法典》第 1128 条，第 1131 条，第 1160 条。

86. 遗嘱要件有缺少，两份遗嘱皆无效

——老人留下两份遗嘱，怎样确认其效力？

事件再现

老王与老马婚后育有三子，二人去世时留下一套房屋。长子持有一份老王的自书遗嘱，内容为“我的房产留给长子王某某。老王（签名）”。次子和幼子持有一份老马经见证人见证的录音录像遗嘱，拟证明其将房屋留给次子和幼子，但手机视频中没有记录见证人的姓名。三人争执不下，长子将次子、幼子诉至法院，主张其单独继承涉案房屋。

裁判要点

继承开始后，按照法定继承办理；有遗嘱的，按照遗嘱继承或者遗赠办理；有遗赠扶养协议的，按照协议办理。本案自书遗嘱和录音录像遗嘱皆不符合遗嘱的法定要件，被依法认定无效，遗产按照法定继承进行处理。涉案房屋由原告和二被告按份继承。

法律分析与提示

订立遗嘱是法律行为，应当符合法定形式和内容要件的要求，否则遗嘱会发生效力问题。本案中，长子持有的自书遗嘱，没有注明年月日，所以无效。次子和幼子持有的录音录像遗嘱，没有记录见证人姓名，也是无效的。两份遗嘱皆无效，所以按照法定继承办理。

订立遗嘱的形式有六种，即自书遗嘱、代书遗嘱、打印遗嘱、录音录像遗嘱、口头遗嘱和公证遗嘱。自书遗嘱是最便捷的订立遗嘱方式，需要被继承人亲笔书写全部内容，并签名和注明立遗嘱的年月日。录音录像遗嘱，应当有两个以上见证人在场见证，参加遗嘱制作的全过程。遗嘱人和见证人应当在录音遗嘱中，用口述的方式分别记录其姓名，表明身份；在录像遗嘱中，展示其肖像，表明其姓名，以及记录年月日。

法条链接

《民法典》第 1123 条，第 1134 条，第 1137 条。

87. 打印遗嘱须见证，每页签字全程录

——两份打印遗嘱，效力如何认定？

事件再现

小江和小海系老张与老刘的子女，二位老人已先后去世。小江持有一份老张的《遗嘱1》，小海持有一份老刘的《遗嘱2》，两份遗嘱均是打印的，落款处均有立遗嘱人的人名章、手印和日期，以及两名见证人的签名。小江向法院申请认定老张的《遗嘱1》有效，小江和小海分别提供了《遗嘱1》和《遗嘱2》订立过程的视频录像。

裁判要点

一方继承人提交的遗嘱，其他继承人对其有异议时，该遗嘱的效力将根据各方当事人提交的证据材料综合认定。经法院审查，小海提交的《遗嘱2》符合打印遗嘱的要件，亦有证据证明两名见证人全程在场见证，应认定为有效。小江提交的《遗嘱1》缺少证据证明其真实性，其效力不予认定。

法律分析与提示

打印遗嘱是订立遗嘱的6种类型之一，打印遗嘱应当有两个以上见证人在场见证，遗嘱人和见证人应当在遗嘱每一页签名，并注明年月日。打印遗嘱的同步录音录像资料，应当全程清晰记录下立遗嘱的过程。本案中，小江提交的打印《遗嘱1》，在其他继承人对该遗嘱真实性有异议的情况下，遗嘱上虽有两名见证人署名，但相应录像视频并未反映见证过程全貌，且录像视频仅显示一名见证人，见证人亦均未出庭证实《遗嘱1》的真实性，法院据此对《遗嘱1》的效力不予认定。小海提交的《遗嘱2》符合打印遗嘱的形式要件，亦有证据证明见证人全程在场见证，应认定为有效。

打印遗嘱、录音录像遗嘱、代书遗嘱和口头遗嘱皆应当有两个以上见证人在场见证。见证人需要符合一定的资格条件：一是有见证遗嘱真实性的能力；二是与遗嘱内容没有利害关系，继承人、受遗赠人不能作为遗嘱见证人。另外，为记录和证明订立遗嘱的过程，建议订立遗嘱时全程录像，一旦发生纠纷可以作为证据提交。

法条链接

《民法典》第1136—1137条，第1140条。

88. 共同遗嘱代书立，口头遗嘱须危急

——夫妻共同订立一份遗嘱，其中一方口头变更，其效力如何认定？

事件再现

李爷爷和吴奶奶育有二子，他们请人代书一份遗嘱，老两口、代书人和见证人均在遗嘱上签了名，并注明了年月日。遗嘱内容主要为：遗产由两个儿子共同继承，平均分配。吴奶奶去世后，小儿子陪李爷爷一起生活，李爷爷病重期间，分别对小儿子和看望他的同事及医务人员说过，遗产全部给小儿子。李爷爷去世后，大儿子将小儿子诉至法院，要求按照父母共同订立的遗嘱分配遗产。

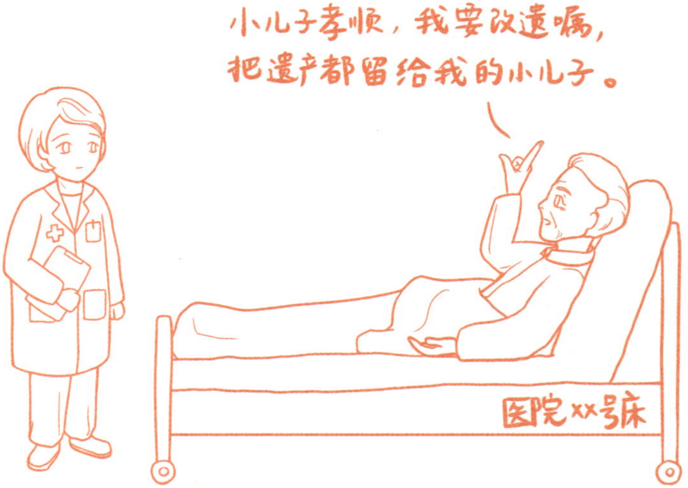

裁判要点

一般认为，共同遗嘱是指二人以上依共同意思表示而在同一遗嘱书上形成的遗嘱。在涉及订立遗嘱这样的民事法律行为时，应该以尊重遗嘱人意愿为最重要考虑。在对共同遗嘱进行解释时应该努力实现当事人的意愿。本案中，老夫妻共同订立的代书遗嘱是有效的，李爷爷单独的口头遗嘱不符合口头遗嘱要件，其效力不予认定，遗产按照代书遗嘱分配。

法律分析与提示

代书遗嘱是遗嘱的6种类型之一，除符合遗嘱实质要件外，代书遗嘱应当有两个以上见证人在场见证，由其中一人代书，并由遗嘱人、代书人和其他见证人签名，注明年月日。遗嘱人在危急情况下可以立口头遗嘱，遗嘱人立有数份遗嘱内容相抵触的，以最后的有效遗嘱为准。本案中，老夫妻共同签署的遗嘱，符合法律规定的遗嘱实质要件和形式要件，是有效遗嘱。李爷爷之后单独立口头遗嘱时，并非处于危急情况下，也没有两个以上见证人同时在场见证，不符合口头遗嘱的法定要件，所以属于无效遗嘱。

口头遗嘱只在遗嘱人处于危急情况下可以适用，并且必须同时有两名以上见证人在场见证。危急情况消除后，遗嘱人有能力以其他形式订立遗嘱的，所立的口头遗嘱便失去效力。另外，共同遗嘱中后去世的一方只可以变更、撤回共同遗嘱中属于其个人拥有的那部分财产。

法条链接

《民法典》第1133条，第1135条，第1138条，第1142条。

89. 公证遗嘱依法立，主张无效无依据

——继承人对公证遗嘱有异议，应当如何处理？

事件再现

老张有三个儿子，分别是大成、二成和小成。某日，老张来到公证处，申请办理遗嘱公证，提出将自己的房屋留给小成。公证员审查后认为，老张思维正常，表达清晰，符合办理遗嘱公证的条件，公证员及业务辅助人员依法为其办理了遗嘱公证书。5年后，老张去世，此时大成和二成方知这份公证遗嘱的存在。三个儿子发生继承纠纷，大成、二成将小成诉至法院，主张公证遗嘱无效，要求按照法定继承处理父亲的房产。

裁判要点

公证遗嘱由遗嘱人经公证机构办理。本案老张立下公证遗嘱，将其名下个人财产指定由小成一人继承，现无证据证明老张所立的公证遗嘱存在法律规定的无效情形，故原告要求确认老张所立遗嘱无效，缺乏依据，法院不予支持。

法律分析与提示

公证遗嘱应当符合法律规定的实质要件和形式要件。本案中，老张某亲自到公证处立遗嘱，自愿将个人所有的房屋给小儿子继承，公证处的公证员及业务辅助人员共同制作了询问笔录并拍摄了公证视频，对老张的意见及涉案房屋的相关情况进行了详细了解，老张亲自在公证处根据其意思起草的遗嘱上签字，公证处制作了公证书。原告主张公证程序违法但没有证据，不足以推翻公证的效力，所以无法得到法院支持。

虽然根据《民法典》的新规定，在存在多份内容相冲突遗嘱的情况下，以最后一份有效遗嘱为准，公证遗嘱不再具有优先效力，但公证遗嘱的优势依然十分明显。公证遗嘱有公证员审查把关，可靠性强，发生争议时，法院一般会认定公证遗嘱有效。

法条链接

《民法典》第1139条，第1143条。

90. 附加义务说在先，养老送终得遗产

——继承人未全面履行遗嘱中的义务，可以取消其继承权吗？

事件再现

老王育有二女一子，其老伴早年去世。老王有一套自己的房子，80 岁时，老王写下遗嘱："我的房产由儿子王小宝继承，王小宝负责我的生活和养老送终……"11 年后老王去世，其子女发生继承纠纷。老王之女王大姐、王二姐诉至法院，主张王小宝只和父亲生活了 4 年，临终前的 7 年父亲是在王大姐家生活的，并由其养老送终，老王的房产不能由王小宝一人继承，请求法院公平裁判。

裁判要点

遗嘱继承或者遗赠附有义务的，继承人或者受遗赠人应当履行义务。没有正当理由不履行义务的，经利害关系人或者有关组织请求，人民法院可以取消其接受附义务部分遗产的权利。本案中，被告王小宝履行了部分赡养义务，应部分继承老王的遗产份额。依据王小宝和王大姐对老王的照顾时间和期间，法院认定由王小宝分得老王遗产的 40% 份额；由王大姐分得 60% 份额。

法律分析与提示

公民的合法继承权受法律保护。本案中，当事人均认可被继承人老王通过自书遗嘱的方式明确表示由其子王小宝负责养老送终，案涉房屋由王小宝继承。根据权利义务相一致的原则，如果继承人王小宝履行了遗嘱所附加的对老王的养老送终义务，则可以享受按遗嘱继承的权利。根据查明的事实，自老王立遗嘱之日起 4 年间，老王与王小宝共同居住生活，王小宝对父亲老王尽了主要赡养义务，但此后的 7 年间，老王与王大姐共同居住生活，由王大姐尽了主要赡养义务。故法院酌定被继承人老王名下的房屋，由被告王小宝和原告王大姐分别继承相应的产权份额。

附义务遗嘱，是遗嘱人在遗嘱中为继承人取得遗产设置了条件，继承人只有履行了相关义务，才符合取得遗产的条件。附义务遗嘱的继承人，应当尊重遗嘱人的意愿，全面履行应尽的义务。

法条链接

《民法典》第 158 条，第 1130 条，第 1144 条。

91. 生养死葬有协议，履行不力起争议

——这份遗赠扶养协议应当解除吗？

事件再现

老张无儿无女，是村里的“五保户”。经人介绍，老张与小赵、小李夫妇签订了《遗赠扶养协议》，并办理了公证。协议约定，小赵和小李负责老张的日常生活，包括生养死葬；老张的房屋等财产待其去世后归小赵和小李所有。协议签订后，小赵夫妇并没有照顾老张的日常生活，只是偶尔给老张几百元生活费，逢年过节来和他生活几天。老张对小赵夫妇十分不满，双方发生矛盾，老张提出解除《遗赠扶养协议》，双方协商不成，老张诉至法院。

裁判要点

自然人可以与继承人以外的组织或者个人签订遗赠扶养协议。按照协议，该组织或者个人承担该自然人生养死葬的义务，享有受遗赠的权利。本案原告与二被告签订了《遗赠扶养协议》，双方均应按照协议履行义务。该协议虽已经过公证处公证，但基于二被告未按照协议内容完全履行其义务，且原告与二被告矛盾较大，原告提出解除《遗赠扶养协议》，于法有据，法院予以支持。

法律分析与提示

遗赠扶养协议，是遗赠人和扶养人之间关于扶养人承担遗赠人的生养死葬的义务，遗赠人的财产在其死后归扶养人所有的协议。本案原告属孤寡老人，且年事较高，需要有人长期在身边照顾其起居，原告与二被告签订了合法有效的《遗赠扶养协议》，二被告本应当严格履行，照顾好原告的生活，但二被告没有尽到完全的扶养原告的义务，构成违约，且原、被告双方关系僵化，已不具备继续履行协议的可能，故法院根据原告的请求对《遗赠扶养协议》予以解除。

遗赠扶养协议不同于遗赠和遗嘱，遗赠扶养协议是双方法律行为，一旦成立生效，对双方当事人都有法律约束力，双方必须严格遵守，否则将构成违约。同时，遗赠扶养协议是有偿的法律行为，一方有对对方生养死葬的义务，另一方有将遗产赠与对方的义务。所以，遗赠扶养协议的签订和履行过程都需要非常认真地对待。

法条链接

《民法典》第 563 条，第 1158 条。

92. 生前欠债遗产还，保留份额未成年

——被继承人的债务应当由继承人偿还吗？

事件再现

老孙去世时，儿子小孙刚满 10 岁，留下的遗产是一套登记在其妻子小刘名下的房屋，同时老孙尚欠银行贷款本金 15 万元。银行认为，老孙的妻子和儿子应当对老孙的债务在遗产继承范围内承担还款责任，遂向法院起诉。在案件审理中，小刘和小孙均表示已书面放弃继承老孙遗产，且案涉贷款合同仅有老孙个人签名，也并非用于夫妻共同生活，系老孙个人债务，因此主张对老孙的债务不负清偿责任。

裁判要点

继承遗产应当先清偿债务，但应当为缺乏劳动能力又没有生活来源的继承人保留必要的遗产。法院认定案涉债务为夫妻共同债务，根据老孙的负债金额、遗产价值、妻子的收入及儿子小孙的实际生活需要，判决为小孙保留必要的遗产份额，剩余遗产用于清偿债务。

法律分析与提示

继承人以所得遗产的实际价值为限清偿被继承人依法应当缴纳的税款和债务，继承人放弃继承的，对被继承人依法应当缴纳的税款和债务可以不负清偿责任。本案中，虽然妻子小刘及儿子小孙出具了书面放弃遗产继承声明书，但老孙遗产中的房产由小刘和小孙实际占有、使用，因此，小刘及小孙作为老孙遗产不可分割的权利人，即便放弃继承，也应当认定为老孙遗产的实际管理人，负有以所管理的老孙遗产的实际价值为限清偿被继承人债务的义务。同时，分割遗产应当清偿被继承人依法应当缴纳的税款和债务；但是应当为缺乏劳动能力又没有生活来源的继承人保留必要的遗产。小孙系未成年人，应为小孙保留一定的遗产份额，作为其成年前的生活保障。因此判决中优先为小孙留存了生活费用。

在继承开始后，遗产管理人应当履行法定职责，包括清理遗产、采取必要措施防止遗产毁损、灭失，以及处理被继承人的债权债务等。

法条链接

《民法典》第1145—1146条，第1153条，第1159条，第1161条。

93. 无法穷尽继承人，指定遗产管理人

——诉讼中继承人无法穷尽查明，谁担任遗产管理人？

事件再现

有座老宅原业主为曹氏，曹氏育有三女一子，该四位继承人各自向下已经延嗣到第五代，其中儿子和幼女两支情况不明，长女和次女两支部分继承人居住在境内。因继承人无法穷尽查明，长女和次女两支继承人的继承诉讼久拖不决。长女一支继承人提出两支共同管理祖宅；次女一支则提出遗产房屋不具有共管的条件，应由现居住在境内且无其他住处的次女一支继承人中的林氏担任遗产管理人。

裁判要点

继承人之间因遗产管理人的确定有争议的，应当由法院根据被继承人的能力水平、与被继承人的关系亲疏程度、公信力等在继承人之间来确定。本案中，次女一支继承人能够协商支持由林氏管理案涉遗产房屋，符合遗产效用最大化原则，故法院判决指定林氏为曹氏房屋的遗产管理人。

法律分析与提示

对遗产管理人的确定有争议的，利害关系人可以向人民法院申请指定遗产管理人。曹氏遗产的多名继承人目前下落不明，遗产房屋将在较长时间内不能明确所有权人，其管养维护责任可能长期无法得到有效落实，确有必要在析产分割条件成就前尽快依法确定管理责任人。而曹氏生前未留有遗嘱，未指定遗产管理人，在案各继承人之间就遗产管理问题分歧巨大，故法院以便于遗产保护、管理为原则，综合考虑被继承人意愿、各继承人能力、亲疏远近等因素，确定了案涉遗产的管理人。

随着经济的发展和人们财富的增长，自然人死亡后往往会留下大量的遗产，同时也可能有债务需要清偿。要妥善处理遗产相关事务，需要有合适的人管理遗产，并在不同主体之间做好遗产分配。所以，在订立遗嘱时指定遗产管理人或者继承开始后依法确定遗产管理人，很有必要。

法条链接

《民法典》第1145—1146条，第1151条。

纵容卖假冒产品，连平台一起告！

第七编　侵权责任

私　权　神　圣

侵　权　有　责

94. 原本玩笑来取乐，谁料致害担全责

——中学生拉椅子致同学坐空摔伤，谁承担损害赔偿责任?

事件再现

小李和小马是中学同学，某日午休时，小李从座位起身，小马故意将小李的椅子往后拉出，小李坐下时未觉察，因悬空直接摔倒在地，头部磕伤。小李就医后被诊断为颅脑外伤、双目视神经损伤。事发后，小马的父母支付了部分医疗费，后因赔偿问题各方协商未果，小李将小马及其父母和学校诉至法院，要求赔偿医疗费、精神损害抚慰金等。

裁判要点

限制民事行为能力人造成他人人身伤害的，监护人要为其侵权行为承担相应的责任。限制民事行为能力人在学校受到伤害，对学校适用的是过错责任原则，学校只在未尽到教育、管理职责的情况下，才承担相应的侵权责任。本案学校履行了教育管理职责，对于损害的发生没有过错，不承担赔偿责任，判决小马及其父母向小李承担赔偿责任。

法律分析与提示

限制民事行为能力人，应当在自己的认知范围内对自己的行为承担民事责任。本案中，小马是十几岁的中学生，属于限制民事行为能力人，其应当明白自己的行为可能产生损害后果，但没有自我约束，存在过错。其不当行为导致小李受伤，应当由小马及其监护人承担责任。而学校制定有学生行为守则等日常管理规范，对学生定期培训提醒，事发后学校及时安排救助并通知家长，不存在过错，故不承担赔偿责任。

校园人身损害纠纷比较常见，不是所有发生在学校的人身损害学校都要承担责任，如果学校已经尽职尽责，没有过错，则无须承担责任，学校及其教职人员可以安心开展正常的教学活动。因学生未遵守学生行为规范引起的损害，由学生和家长承担责任，家长应更多地意识到家庭教育的重要性，教育孩子遵纪守法，提升风险意识。

法条链接

《民法典》第 1165 条，第 1179 条，第 1183 条，第 1188 条，第 1200 条。

95. 课间玩耍孩受伤，管理疏漏要赔偿

——小学生课间玩耍致同学受伤，谁来承担赔偿责任？

事件再现

南街小学下午课间，一年级7岁的学生小林与多名同学在教学楼前玩耍。小林抓住小朱的衣服往前跑，导致小朱摔倒，造成牙齿损伤。事后小朱的父母将学校和小林诉至法院，要求他们赔偿损失。

裁判要点

无民事行为能力人在学校学习、生活期间受到人身损害的，学校应当承担侵权责任；但是，能够证明尽到教育、管理职责的，不承担侵权责任。无民事行为能力人造成他人伤害的，由监护人承担侵权责任。本案当事人小林和小朱均未满 8 周岁，系无民事行为能力人。学生课间玩耍，造成小朱受伤，推定学校未尽到充分的教育、管理职责，在本案中存在过错，依法应当承担侵权责任。小林在课间玩耍时致小朱受伤，对此次事故的发生负有直接责任，应承担相应的责任。综合本案的实际情况，法院酌定由学校承担 70% 的赔偿责任，小林承担 30% 的赔偿责任，由其监护人承担。

法律分析与提示

无民事行为能力人受到人身损害，推定学校有过错，学校应当承担侵权责任，这是法律对无民事权利人的特殊保护。除非学校能够证明自己充分地尽到了教育、管理职责，则不需要承担侵权责任。本案中，事情发生在学校课间，学校对于事发时段的校园管理有所疏忽，出现该事件，学校应承担主要责任。小林是无民事行为能力人，小林的行为与小朱摔倒受伤存在法律上的因果关系，其监护人应对小朱的损害承担侵权赔偿责任。故法院酌定学校承担主要责任，小林承担次要责任。

8 周岁以下的儿童，对事物的认知和判断能力不足，不能辨认或者不能充分理解自己行为的后果，如果在学校发生损害事故，他们很难准确描述事情的经过，所以学校理当更多地履行保护孩子身心健康的义务。

法条链接

《民法典》第 1179 条，第 1188 条，第 1199 条。

96. 学生游园如放飞，安全责任不可废

——学校组织小学生外出游园，学生受到伤害，由谁承担损害赔偿责任？

事件再现

西街小学在进行安全教育后，组织五、六年级的学生去中心公园游园。12 岁的小陈和同学们一起买票进入了公园内的动物园。小陈为了给黑熊喂水，翻越护栏，右手拿着水瓶伸进护栏，不幸右臂被黑熊抓咬。后小陈被老师送往医院救治，诊断结果为右臂多处骨折及损伤，鉴定为 8 级伤残。小陈将西街小学和中心公园诉至法院，要求赔偿医疗费等各项损失。

裁判要点

因未成年人自身的过错导致事故发生，其监护人应承担相应的责任。学校组织活动未能采取相应的安全防范措施，存在过错。公园作为安保义务人未尽到合理限度内的安全保障义务，也存在过错。本案原告本人、学校、公园均存在过错，法院酌定小陈、学校和公园分别承担相应的责任。

法律分析与提示

限制民事行为能力人在学校学习、生活期间受到人身损害，如果学校没有尽到管理职责，对损害的发生存在过错，学校就要承担责任。学校组织学生开展校外游园活动，学校对学生负有教育、管理职责。如未尽到职责，造成学生人身损害，应当承担相应的责任。公园对游客负有安全保障义务，特别是对于主动吸引来的未成年人群体，更应当加强安全保障措施，否则发生事故，也要承担安全保障赔偿责任。本案中，12 岁的小陈对可能发生的危险具有一定认知判断能力，小陈不顾警示牌提醒，越过护栏给黑熊喂水，是导致受伤的直接原因，所以要承担主要责任，学校和公园也要承担相应的责任。

限制民事行为能力人在学校受到人身损害，学校只承担过错责任，即有过错才担责，无过错不担责。因为 8 岁至 18 岁的未成年人，心智渐趋成熟，对于事物具有一定的理解判断能力，一旦发生人身损害事件，责任如何承担要根据实际情况作出客观判断。

法条链接

《民法典》第 1198 条，第 1200 条，第 1248 条。

97. 电商平台有过错，共同侵权应担责

——网上平台接到投诉未采取必要措施，该平台应当承担责任吗？

事件再现

佳佳公司有一款名为无忧烤的专利产品，某日，公司发现大金公司未经其许可在大猫公司的平台上销售侵害其该款专利权的商品。佳佳公司迅速向大猫公司提交权利证明等投诉材料，要求其采取必要措施，但大猫公司以材料不足、审核不通过为由，未将投诉材料转达给被投诉人大金公司，更没有删除大金公司的销售链接，致使侵权产品继续销售，扩大了佳佳公司的损失。后佳佳公司以侵害专利权为由将大金公司和大猫公司诉至法院，要求两家公司共同承担侵权责任。

纵容卖假冒产品，连平台一起告！

裁判要点

经法院审查确认，大金公司构成专利侵权，应当承担侵权责任。大猫公司对权利人的投诉未采取必要措施，构成共同侵权，大猫公司对未采取必要措施造成佳佳公司损失扩大的部分承担连带责任。

法律分析与提示

投诉通知中只要包括被侵权人身份情况、权属凭证、侵权人网络地址、侵权事实初步证据等内容即为有效通知。网络平台自行设定的额外投诉条件，对权利人不产生约束力。网络平台接到通知后所应采取的删除、屏蔽、断开链接等必要措施，应遵循审慎、合理的原则，"必要措施"不限于上述列举的三项措施。本案中，佳佳公司向大猫公司提供了法律规定的投诉证明材料，大猫公司的基本义务之一，是将有效的投诉材料转达给被投诉人大金公司，并通知其申辩，保证有效的投诉信息顺畅传递，使权利人的维权投诉不至于落空。而大猫公司未履行上述基本义务，导致大金公司未收到投诉警示以致损害后果扩大，故大猫公司应当承担相应的连带责任。

在互联网时代，网络侵权行为日益突出，网络用户利用网络侵害他人人格权、财产权和知识产权的行为比较常见。网络平台等网络服务提供者，有义务为权利人提供便利的维权处理途径。权利人也应当依法维权，积极善意地利用网络服务提供者建立的投诉和处理机制，共同净化网络环境。

法条链接

《民法典》第178条，第1194—1195条，第1197条。

98. 雇主责任问过错，无错无责是原则

——保姆在雇主家受伤，雇主是否需要承担赔偿责任？

事件再现

小赵和雇主老王以及中介公司共同签订一份《家政服务合同》，约定小赵为老王提供保姆服务。小赵依约服务两个月后，某日，小赵踩在凳子上晾晒衣服时，凳子发生倾斜，小赵从凳子上摔下致右手桡骨骨折。小赵要求老王赔偿，老王主张小赵知道阳台上有手摇升降晾衣架和撑衣杆，不应该发生如此事故。后小赵诉至法院，要求老王赔偿各项损失。

裁判要点

个人之间形成劳务关系，提供劳务的一方因劳务受到损害的，根据双方各自的过错承担相应的责任。提供劳务者因劳务受到损害，适用过错责任原则，雇主承担过错责任。本案原告小赵明知有雇主提供的安全晾衣方式却放弃使用，造成人身损害，自身存在明显过错，雇主没有过错，不应承担赔偿责任。法院依法驳回原告诉讼请求。

法律分析与提示

劳务关系中雇主与提供劳务者之间谁有过错谁承担责任，当雇主有过错时才承担责任，没有过错则不承担责任。本案中，小赵与老王之间依据合同形成劳务关系，老王作为雇主，已经为小赵提供了适当、安全的工作环境，且在小赵受伤后将其及时送医救治，在本案中并无过错，不应承担赔偿责任。故法院对原告的诉讼请求不予支持。

劳务关系中，雇主应为提供劳务者提供合适的家务辅助工具和必要的防护措施，创造适当、安全的工作环境，一旦发生损害应当及时、积极地履行救助义务。而提供劳务者，应事先接受专业的家政服务培训，在服务时应选择安全有效的操作方式，保障自身的安全。

法条链接

《民法典》第1192条。

99. 员工选任有瑕疵，派遣单位赔损失

——员工致人损害劳务派遣单位需要承担赔偿责任吗？

事件再现

小王拿到驾驶证半年，便进城找工作。小王找到了劳务派遣公司，并与之签订了劳动合同，随后便被派到了食品厂担任货车驾驶员。可是食品厂给劳务派遣公司的选人条件是有 3 年以上驾龄，并在本地居住满 2 年。某日，小王在开车送货途中，不慎将行人小徐撞伤。交警认定小王负事故全责，小徐花去医疗费等 1 万余元。事后小徐向小王索赔无果，遂将小王和食品厂诉至法院，要求小王及食品厂赔偿医药费、误工费等损失。

裁判要点

被派遣人致人损害，由接受劳务的用工单位赔偿，劳务派遣单位有过错的，承担相应的责任。本案食品厂作为用工单位应对小王的行为承担雇主责任，劳务派遣公司对小王的选任存在过错，也应当承担相应的责任。对于原告的损失，法院酌定由食品厂和劳务派遣公司共同承担赔偿责任。

法律分析与提示

以劳务派遣方式用工的，在发生侵权时，用工单位（实际工作单位）承担无过错责任，用人单位（签订劳动合同的劳务派遣单位）承担过错责任，用工单位责任与劳务派遣单位责任属于共同责任，二者均为第一顺位责任人。在劳务派遣单位对侵害的发生存在过错时，应根据其过错大小，承担与过错相应的按份责任。本案中，小王拿到驾照不足1年，且刚来到本地，因劳务派遣公司未能对小王的资格条件进行审核，存在选任上的不当，对该事故的发生有较大影响，应承担相应的责任。

在实践中，劳务派遣单位承担民事责任的原因，主要是存在选任过错，即给用工单位输送了不符合条件的劳动者而承担相应的民事责任。所以劳务派遣单位应严把选任关，不能心存侥幸，也不能因为对被派遣劳动者失去控制而放松选任条件。

法条链接

《民法典》第1191条。

100. 好意搭车人有情，赔偿责任可减轻

——好意让人搭车，发生交通事故受到损害谁承担责任？

事件再现

小张开车回家，小李顺路搭乘。小李坐在驾驶员后面座位，未系安全带。路上因灯光昏暗，车辆与一辆小货车相撞，造成小李尺桡骨骨折和车辆受损。经交警认定，小张负事故全责。小李与小张协商赔偿事宜无果，遂诉至法院，要求小张赔偿医疗费等损失。

裁判要点

非营运机动车发生交通事故造成无偿搭乘人损害，属于该机动车一方责任的，应当减轻其赔偿责任，但是机动车使用人有故意或者重大过失的除外。本案小张让小李搭车是基于情谊无偿搭载，属于好意同乘行为。小张对案涉事故发生存在过错，但尚不构成重大过失。小李在搭乘期间未系安全带，自身亦存在过错。法院根据实际情况，酌情减轻小张的赔偿责任，判定小张承担60%的赔偿责任。

法律分析与提示

好意同乘是驾驶人基于善意互助或友情帮助而允许他人无偿搭乘的行为，满足三个条件构成好意同乘赔偿责任，即搭乘人为无偿搭乘；搭乘人搭乘的是非营运机动车；因交通事故造成搭乘人损害，机动车驾驶人负有一定责任。此种情况下，应当减轻机动车驾驶人对搭乘人的赔偿责任，但是机动车驾驶人有故意或者重大过失的除外。本案中，小张让小李顺路搭车是出于好心无偿为他人提供便利，在此过程中发生交通事故，应当减轻小张的责任。

好意同乘是人与人之间互帮互助建立和谐人际关系的表现，发生损害时，既要保护搭乘人的合法权益，也要平衡驾驶人的利益。依照我国的社会伦理价值观，若要求驾驶人全面赔偿则显得不近情理，也不利于鼓励助人为乐的行为。

法条链接

《民法典》第1217条。

101. 借用车辆出事故，赔偿责任论过错

——借用他人机动车，发生交通事故是车主赔，还是驾驶人赔？

事件再现

小赵借用小黄的车去车站接客人，路上撞倒行人小张，造成小张受伤，花去医药费、误工费等10万元，交警认定机动车对事故负全责。事后小张要求驾驶人小赵赔偿，小赵不予理睬，小张遂将驾驶人和车主二人诉至法院。

裁判要点

因租赁、借用等情形机动车所有人、管理人与使用人不是同一人时，发生交通事故造成损害，属于该机动车一方责任的，由机动车使用人承担赔偿责任；机动车所有人、管理人对损害的发生有过错的，承担相应的赔偿责任。本案车主小黄在事故中没有过错，依法不承担赔偿责任。先由保险公司在保险责任限额内赔偿，不足部分由驾驶人小赵赔偿。

法律分析与提示

借用他人机动车发生交通事故，驾驶人与车辆所有人、管理人不是同一人的，如果属于机动车一方责任，机动车驾驶人应当承担赔偿责任。但机动车所有人、管理人对损害的发生有过错的，例如，明知借用人没有驾驶证、醉酒或者车辆存在缺陷而导致交通事故等，则应当承担相应的赔偿责任。机动车发生交通事故，首先应当由保险公司在交强险限额内承担赔偿责任，超出保险责任限额的部分，依照民法典和相关司法解释的规定确定赔偿责任。本案中，车主小黄在事故中不存在过错，不应当承担赔偿责任，保险公司应当在人身损害保险限额内予以赔偿，不足部分由驾驶人小赵赔偿。

机动车借给他人使用存在较多风险，即便车主对事故的发生没有过错，不需要承担赔偿责任，但机动车交通事故大概率也会造成出借的机动车本身的损害，因此容易产生民事纠纷。如果借给他人使用，要注意确保车辆状况良好，不存在安全隐患，借用机动车的驾驶人必须具备驾驶证，不能酒后驾车等。

法条链接

《民法典》第1209条，第1213条。

102. 医疗病历须客观，修改篡改不一般

——医院的病历存在瑕疵，医院是否应当承担医疗损害责任？

事件再现

患者老张因骨科手术后，突发心脏骤停，经救治无效死亡。老张的家属将医院诉至法院，要求医院承担医疗损害赔偿责任。医院称：我们有电子病历可供鉴定。老张家属称：应当以双方封存的纸质病历为准，但医院在封存的纸质病历中加插了资料，使病历失去真实性，所以医院应当承担赔偿责任。

裁判要点

医疗损害赔偿责任是指患者在医疗机构就医时，由于医疗机构或者其医务人员的过错，在诊疗活动中受到损害，医疗机构应当承担的侵权赔偿责任。患者在医疗活动中受到损害，医院有遗失、伪造、篡改或者违法销毁病历资料情形的，推定医院有过错。本案医院在医患双方封存的纸质病历中加插了若干资料，破坏了原病历的完整性、真实性和客观性，法院认为属于故意篡改病历的行为，推定医院有过错并承担赔偿责任。

法律分析与提示

医疗损害后果发生时，通常应当考虑医疗机构的过错程度，以及诊疗行为在损害结果发生中的原因力大小。在实践中，一般要根据鉴定意见认定的医疗过错行为在医疗损害后果中的责任程度来确定赔偿的比例。本案中，医院的加插病历行为，使得正常的病历管理秩序受到破坏，导致鉴定意见无法作出、各方责任无法确定的严重后果。故法院最终判定医院对原告的损害承担赔偿责任。

病历对于患者和医疗机构均十分重要，在一般情况下，发生医疗损害，医疗机构存在过错才承担赔偿责任。但当医疗机构隐匿或者拒绝提供与纠纷有关的病历资料，以及遗失、伪造、篡改或者违法销毁病历资料时，则推定医疗机构有过错。上述情况使得患者无法取得与医疗纠纷有关的证据资料，也说明医疗机构存在主观恶意。医患双方皆应当审慎对待病历资料，以免造成误解和纠纷。

法条链接

《民法典》第 1218 条，第 1222 条，第 1225 条。

103. 犬只伤人未必咬，危险责任少不了

——大黑犬追逐骑车路人致其受惊吓摔伤，饲养人需要承担赔偿责任吗？

事件再现

小杨骑着电瓶单车途经某村时，老张家的大黑犬突然窜出来，狂吠着追逐小杨的电瓶车，小杨受到惊吓而摔倒，导致膝盖受伤。小杨报警后，经民警协调，老张的家人将小杨送到医院治疗。经鉴定，小杨膝关节损伤构成10级伤残。小杨提起诉讼，要求老张赔偿全部损失。

裁判要点

饲养动物的危险性并不仅限于身体上的直接接触导致的伤害，给他人造成惊吓也属危险情形。即使犬只未与他人发生直接身体接触，但只要其与损害后果存在因果关系，同样属于“饲养的动物造成他人损害”，饲养人仍应承担相应的责任。本案原告的损害与被告饲养的犬只追逐存在因果关系，饲养人应当承担赔偿责任，法院判令被告老张赔偿小杨的全部损失。

法律分析与提示

饲养动物造成他人损害，动物饲养人应当承担侵权责任，除非能够证明损害是因被侵权人故意或者重大过失造成的，饲养人可以不承担或者减轻责任，如果不能举证，饲养人就应当承担动物致害的赔偿责任。饲养动物致人损害的行为，并非局限于动物与人的身体直接接触的损害行为。在特定情况下，如犬只靠近他人吠叫、闻嗅或者追逐他人等行为，也可能引起他人恐慌进而产生相应的身体损害后果。本案中，老张饲养的大黑犬追逐小杨，导致小杨摔伤，老张作为犬只饲养人没有尽到管理义务，亦不能证明小杨有故意或者重大过失行为，故老张应当承担全部赔偿责任。

如果饲养人不遵守管理规定，即使受害人对损害的发生存在过错，动物饲养人或管理人也不能免除责任。在日常生活中，饲养人、管理人应依法依规对动物进行合理的控制和管理，对自身及他人的人身财产安全负起责任。

法条链接

《民法典》第1245—1247条。

104. 疏于管理广告牌，脱落伤人惹祸灾

——建筑物上悬挂的广告牌脱落砸伤行人，

建筑物主人和承租人谁承担责任？

事件再现

小李在镇上有间商铺，一年多前出租给了小张经营饭店。小张在商铺大门上方的木制广告牌上贴了一层广告布，将原有的广告布覆盖。一日，小黄从饭店前经过，广告牌突然脱落将其砸倒，致其身体受伤致残。小黄将小李和小张诉至法院，要求二人赔偿其全部损失。

裁判要点

出租人作为广告牌的所有人，未尽到适当的管理维护义务，应当承担相应的责任。承租人作为广告牌的使用人和管理人，未尽到必要的管理维护义务，应当承担相应的责任。本案两被告均存在过错，酌定出租人小李对小黄的损失承担40%的赔偿责任，承租人小张承担60%的赔偿责任。

法律分析与提示

建筑物上的悬挂物脱落造成他人损害，推定所有人、管理人或使用人有过错，应当承担侵权责任。如果所有人、管理人或者使用人能够证明自己没有过错的，则不承担责任，由其他责任人赔偿。所有人、管理人或者使用人赔偿后，有其他责任人的，有权向其他责任人追偿。本案中，小李作为广告牌的所有人，将商铺出租给小张时，广告牌存在安全隐患，双方未对广告牌管理使用事项作相应约定。小张作为商铺的承租人，在使用广告牌期间未对广告牌进行全面检查维护，未尽到适当的管理及必要的注意义务。故根据各方的过错程度，法院判决出租人和承租人分别承担相应的赔偿责任。

近年来，广告牌安全事故频发，广告牌的所有人、管理人和使用人应引以为戒。在签订相关合同时，应对各方的权利义务作出明确的约定，督促各方当事人提高安全意识，加强对广告牌等设施的检查维护，杜绝安全隐患，严防坠落伤人事故的发生。

法条链接

《民法典》第177条，第1253条。

105. 高空抛物危害大，民刑责任严惩罚

——从高楼向楼下抛掷物品，加害人应当承担什么责任？

事件再现

张三租住的房屋正面系一条主干道，道路边有电杆线路。某日，张三在其房屋内酒后泄愤，将屋内的桌椅、电风扇、衣服等物品从五楼往楼下主干道抛掷，导致停放在楼下的两辆轿车被砸坏，并有衣服等物悬挂在电线上，警察接到报警后前来制止和调查。事后，车主提出赔偿要求。

裁判要点

从建筑物中抛掷的物品，造成他人损害，侵权人应当承担侵权责任。经调查无法确定侵权人的，除能够证明自己不是侵权人外，由可能加害的建筑物使用人给予补偿。物业服务企业等建筑物管理人有义务采取必要的安全保障措施防止事故发生，公安机关有义务介入调查，侵权人构成犯罪的，依法追究刑事责任。本案张三持续高空抛物的行为，给车主造成的损失，经调解已经赔偿。其行为涉嫌以危险方法危害公共安全罪，将依法追究刑事责任。

法律分析与提示

高空抛物具有极大的危险性，除承担民事赔偿责任外，构成犯罪的还应当承担刑事责任。侵权人的行为是否构成危害公共安全，应结合其高空抛出的物品性质、高空抛物的地点、时间、场所以及危害程度综合认定。本案中，张三向人员密集的主干道抛掷足以致人严重伤害的物品，虽未造成实际重大损害，亦足以危害公共安全，其行为除承担民事赔偿责任外，还应当受到刑事处罚。

高空抛物、坠物事件屡禁不止，严重危害公共安全，影响社会和谐稳定。法律对高空抛物行为作出了严厉的处罚规定，广大公民、建筑物管理者、施工者既要注意自身安全，又要加强守法意识，共同保障“头顶安全”。

法条链接

《民法典》第 1254 条；《刑法》第 114—115 条，第 291 条之二。

106. 墙倒砸坏车半边，管理失职责任担

——围墙倒塌砸损停靠在墙边的汽车，围墙管理者应当承担赔偿责任吗？

事件再现

某天傍晚，小王将汽车停放在坝南村的围墙边，当天夜里下了一场大雨。第二天一早，小王发现围墙倒塌，自己的汽车被砸坏。小王了解到，围墙系坝南村村委会管理的公共围墙。小王就赔偿事宜找到村委会进行协商，村委会主张损害是因自然灾害造成的，不予赔偿。小王遂向法院提起诉讼，要求村委会赔偿其车辆损失。

围墙砸车，谁来赔？

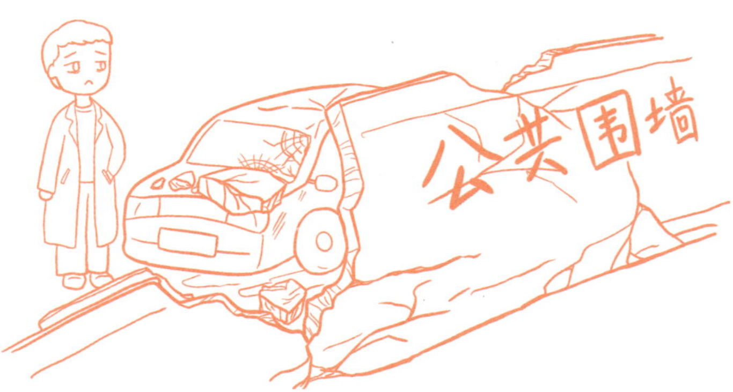

裁判要点

建筑物倒塌，包括因质量缺陷，如建筑物设计不当、基础不牢、材料不合格等引起的倒塌，造成他人损害的，由建设单位与施工单位承担连带责任。因所有人、管理人管理不当，引起的建筑物倒塌，所有人、管理人应当承担侵权责任。本案中，围墙属于村委会管理范围，村委会对围墙具有修缮、管理的义务。村委会未及时消除墙体隐患，导致雨后围墙倒塌，造成车辆受损，应承担相应的赔偿责任。法院支持原告的诉讼请求，由村委会对原告小王的车辆损失进行赔偿。

法律分析与提示

导致车辆受损的围墙所有人和管理人系村委会，故村委会应当对围墙倒塌造成原告车辆损害的后果承担侵权赔偿责任。虽然事发时存在强对流天气，但不足以构成《民法典》第180条规定的不能预见、不能避免、不能克服的客观情况，且停车处属于非禁停和非危险区域，可以停车。没有证据证明原告本人对事故发生存在过错，故不能免除或减轻村委会的赔偿责任。

近年来，建筑物、构筑物倒塌、塌陷事故多发，造成重大人员伤亡和财产损害，相关责任人不仅要承担民事责任，还要承担行政责任，甚至刑事责任。引起事故的原因，有建设工程质量问题，也有野蛮装修、疏于养护等问题。相关责任主体务必引起重视，采取有效措施，避免和消除事故隐患。

法条链接

《民法典》第180条，第1252条。

107. 燃放烟花致人伤，产品缺陷厂家偿

——燃放烟花致人受伤，谁来承担赔偿责任？

事件再现

老李为庆贺自己承包的新项目开工，从花炮销售店购买了两箱烟花，在工地燃放时，烟花当场爆炸，致使在一旁观看的小张等工人受伤。其中小张经鉴定为：眼球破裂伤，伤残等级评定为 7 级。后小张诉至法院，要求雇主老李赔偿其经济损失。法院判决由老李赔偿小张各项损失 35 万元，老李依照判决支付了赔偿款。后老李要求烟花生产厂按照法院确定的数额赔偿自己的损失，双方协商未果，老李遂向法院提起诉讼。

裁判要点

本案是产品责任纠纷，按照国家《烟花爆竹安全与质量》标准规定，烟花在燃放过程中，筒体间分离，属产品缺陷。烟花点燃后当场爆炸，认定属于产品缺陷，烟花厂应当承担赔偿责任。原告老李在使用烟花时，没有严格按照燃放说明要求的安全距离燃放，对损害结果的发生，亦存在明显过错。法院酌定烟花厂承担80%责任，原告自担20%责任。

法律分析与提示

本案的案外人小张，系因烟花厂生产的烟花在燃放过程中发生爆炸而受伤，小张请求其雇主老李承担赔偿责任后，老李可以向生产者烟花厂追偿。因烟花厂生产的烟花存在产品缺陷，雇主老李既是产品责任的间接受害人，也是基于雇主向其雇员小张承担赔偿责任后向第三人行使追偿权的权利人，二者均指向烟花厂，烟花厂应当承担赔偿责任。

产品存在缺陷，一般来说，即产品存在“不合理危险”。缺陷产品造成的损害，包括人身损害和财产损害。从保护用户、消费者的角度出发，法律规定的财产损害，既包括缺陷产品以外的其他财产的损害，也包括缺陷产品本身的损害。

法条链接

《民法典》第1173条，第1192条，第1202—1203条，第1205条。

108. 预知运动有风险，伤害损失自己担

——二人对打羽毛球，一方被球击中右眼，该损失由谁承担？

事件再现

小赵和小孙经常一起运动，这一天，他们在公园打羽毛球，小孙轻轻发球后，小赵一个快速进攻，小孙来不及推挡躲闪，被球击中右眼，造成右眼损伤。小孙要求小赵赔偿医疗费、护理费等损失，二人未能达成一致，小孙遂将小赵诉至法院。

裁判要点

自愿参加具有一定风险的文体活动，因其他参加者的行为受到损害的，受害人不得请求其他参加者承担侵权责任；但是其他参加者对损害的发生有故意或者重大过失的除外。经法院审查，本案原告小孙自愿参加打球，小赵对小孙的受伤无故意或者重大过失，法院对原告的诉讼请求不予支持。

法律分析与提示

文体活动的自愿参加者，对活动本身具有的风险性应当事先知晓，因正常运动受到其他参加者的伤害，受伤害者无权要求导致伤害的其他参加者承担侵权责任。如果导致伤害的其他参加者有故意或者重大过失，则应当对损害承担侵权责任。本案中，小赵和小孙自愿打球，小赵杀球进攻的行为系该类运动的正常技术动作，其对小孙的受伤不存在故意或者重大过失，且现行法律未规定本案所涉情形适用公平责任，所以小孙无权主张小赵承担赔偿责任或分担损失。

体育运动具有对抗性和人身危险性的特点，参与者既是危险的潜在制造者，也是危险的潜在承担者。羽毛球、篮球、足球等运动，系典型的对抗性体育运动，参加者容易扭伤、拉伤，也容易被球击中受伤，参与者应当有所认知和预见，并多加防范。

法条链接

《民法典》第1176条。

109. 自身疾病致身故，合法劝阻过错无

——撞伤小孩者被阻拦离开后心脏骤停猝死，阻拦者是否承担侵权责任？

事件再现

小张骑着自行车在小区门外与5岁的小童相撞，致小童右颌受伤出血。邻居小刘见状，打电话联系小童的母亲，同时让小张不要离开。小张说是小童撞了他，自己有事，需要离开，为此小张和小刘发生言语争执。小刘阻拦小张不让他离开，并拨打“110”报警，小张转身坐在石墩上，两分钟后倒地。小刘叫来救护车，小张经抢救无效死亡。小张之妻小吴提起诉讼，要求小刘承担侵权赔偿责任。

裁判要点

行为人为了维护因碰撞而受伤害一方的合法权益，劝阻另一方不要离开碰撞现场且没有超过合理限度，属于合法行为。本案被告小刘的劝阻行为是合法行为，且没有超过合理限度，不具有违法性，应予以肯定和支持。被劝阻人因自身疾病发生猝死，其近亲属请求行为人承担侵权责任，法院不予支持。

法律分析与提示

行为人承担侵权责任的前提是实施了侵权行为，且损害后果与行为人的行为有法律上的因果关系，行为人主观上有过错。本案中，被告小刘阻拦小张离开的行为本身不会造成小张死亡的结果，小张自身患脑梗等多种疾病，事发前一周刚主动要求出院。小张因心脏骤停不幸死亡，小刘不存在侵害小张的故意或过失，其对小张的死亡无法预见，没有过错，故法院判决驳回原告诉讼请求。

因果关系是侵权责任的重要构成要件，当行为与损害事实之间确定存在法律上的因果关系时，就有可能构成侵权责任，没有因果关系就不构成侵权责任。在现实生活中，情况越来越复杂，一个损害结果有时不是单一原因造成的，可能一果多因，或多因一果，法官会根据案件实际情况和一般社会经验进行判断。

法条链接

《民法典》第 1165 条。

110. 游园摘果爬树上，身故损失谁来偿

——在旅游景区爬树摘果，不慎跌落受伤后身亡，由谁承担赔偿责任？

事件再现

花山景区为国家级开放旅游景区，花山村委会是景区内树木的所有人。某日，游客小张爬到树上摘果，不慎从树上跌落受伤，后经送医抢救无效，于当日离世。小张的家属老张向法院起诉，主张村委会未尽到安全保障义务，在事故发生后，村委会未采取及时和必要的救助措施，应对小张的死亡承担赔偿责任。

裁判要点

公共场所经营管理者的安全保障义务，应限于合理限度范围内，与其管理和控制能力相适应。完全民事行为能力人因自身过错导致人身损害，主张经营管理者承担赔偿责任的，法院不予支持。法院经审查认定，本案被告花山村委会对小张的死亡不存在过错，原告请求由村委会承担赔偿责任，法院不予支持。

法律分析与提示

一方主张承担侵权责任，应就另一方存在违法行为、主观过错、损害后果且违法行为与损害后果之间具有因果关系等承担举证责任。本案中，村委会作为景区的管理人，虽负有安保义务，但安保义务的内容应限于景区管理人的管理和控制能力的合理范围之内。小张的坠亡系其私自爬树采摘所致，与村委会管理行为不具有法律上的因果关系。事发后村民拨打“120”急救电话，又开车送小张到医院，说明村委会对小张坠亡的后果不存在过错。所以，村委会对小张的死亡不承担赔偿责任。

法院在处理此类案件时，会考虑多种因素，包括景区管理情况、过错情况、个人行为等，如果是因为个人行为导致事故，且没有足够的证据证明相关方面存在过错，法院可能会驳回赔偿请求。所以，提醒人们切记要把自身安全和自我保护放在首位。

法条链接

《民法典》第 1165 条，第 1198 条。

111. 保护区内坠冰河，不幸溺亡自担责

——男子溺亡，河道管理处是否应当承担赔偿责任？

事件再现

冬季某日，派出所接到刘女士报警，称其丈夫老李外出一夜未归，怀疑落入冰河了。经警方调查核实，老李在大清河拦河闸消力池内溺亡。消力池系分洪枢纽水利工程的组成部分，由河道管理处负责日常维护管理。老李之妻刘女士认为，河道管理有漏洞，河道管理处负有责任，要求其对老李的死亡承担赔偿责任。经与河道管理处沟通未能如愿，刘女士诉至法院。

裁判要点

法院经审理认定，消力池属于禁止公众进入的水利工程设施，不属于公共场所，管理人河道管理处已采取了合理的安全提示和防护措施，受害人老李擅自进入造成自身损害应自行承担损害后果，对原告刘女士的诉讼请求，法院不予支持。

法律分析与提示

本案不适用《民法典》侵权责任编中安全保障义务条款。安全保障义务所保护的人与义务人之间常常存在较为紧密的关系，如酒店、商场等与顾客的关系。负有安全保障义务者，如果没有履行合理范围内的安全保障义务，则构成侵权，应当承担侵权责任。本案中，老李溺亡的地点位于大清河拦河闸侧面消力池，并非对外开放的公共场所。且河道管理处对老李的溺亡亦不存在违法行为、主观过错和因果关系，所以法院认为，河道管理处不应承担赔偿责任。

户外活动有一定的危险性，面对自然环境，应当注意自身安全，采取相应的预防措施，避免因个人疏忽大意导致悲剧发生。

法条链接

《民法典》第1165条，第1198条。

112. 大屏昼夜强光闪，相邻业主寝难安

——广告屏视频昼夜播放，强光直射住户房间，构成侵权吗？

事件再现

老李入住高楼住宅已经十多年了，小区附近配套齐全，生活便利，临窗望去，马路对面就是购物中心大楼。可是最近老李遇到了心塞事儿，对面购物中心的外墙上安装了一块LED广告屏，广告屏通宵播放视频，光线极强还频繁闪动，强光直射老李家的卧室，屋里夜如白昼，让老李一家老小无法正常休息。无奈之下老李诉至法院，请求判令被告立即停止侵权。

裁判要点

因污染环境造成他人损害的，侵权人应当承担侵权责任。本案中，购物中心构成光污染环境侵权行为，原告的诉讼请求于法有据，判决被告立即停止侵害，被告的广告屏每日只能在限定的时间段内开启，且亮度值不得高于限定值。

法律分析与提示

由于光污染对人身的伤害具有长期性、潜伏性、广泛性和个体差异性等特点，法院依据国家标准、地方标准和行业标准，以及对他人正常生活、工作、学习的干扰程度和公众可容忍度等进行判断，综合认定是否构成侵权。本案中，购物中心外墙上设置 LED 广告屏，其产生的强光直射原告的住宅居室。可以认定强光已超出一般公众普遍可容忍的范围，该强光干扰周围居民正常生活和休息，构成由强光引起的光污染环境行为，所以法院支持了原告的诉讼请求。

随着城市化的发展，建筑物光污染成为一种不容忽视的环境问题。建筑物玻璃幕墙等反射和散射的光线，夜晚商场、酒店等建筑物上的广告屏、霓虹灯等不合理的强光源所产生的光线，都会对人们的身体健康和正常生活带来损害和干扰。政府部门应当加强监督与管理，商家和企业应当重视光污染问题，尽量使用低反射率材料，遵循节能、环保的原则，合理设计夜间照明与宣传方案，避免给相邻各方和公众造成损害。

法条链接

《民法典》第 294 条，第 1229—1230 条；《环境保护法》第 42 条。

113. 贪婪愚昧毁生态，赔钱坐牢悔不该

——到自然保护区非法捕鱼，破坏生态环境，应当承担哪些责任？

事件再现

张三和李四想找生财之道，他们相约到某自然保护区捕鱼。二人驾船下湖，使用丝网、自制电网等工具捕捞，然后安排人运输和销售，造成长江流域渔业生态资源严重破坏。县检察院向法院提起刑事附带民事公益诉讼，请求判令被告人按照评估和鉴定意见确定的标准修复生态环境，并承担评估费用。后双方达成调解协议，被告人履行了修复义务。

裁判要点

被告人非法捕捞水产品的行为破坏了生态环境，损害了社会公共利益，应当承担赔偿责任。本案中，附带民事公益诉讼起诉人和被告人达成的调解协议不违反社会公共利益，法院予以确认并出具调解书。

法律分析与提示

违反国家规定造成生态环境损害，生态环境能够修复的，国家规定的机关或者法律规定的组织有权请求侵权人在合理期限内承担修复责任。侵权人在期限内未修复的，相关机关或组织可以自行或者委托他人进行修复，所需费用由侵权人负担。本案被告人与起诉人经法院调解达成协议，被告人应当在渔业部门的监督下，购置成鱼和鱼苗在特定水域放流，履行生态资源环境修复义务。同时，被告人的行为已经构成犯罪，还要依法承担刑事责任。

破坏生态环境，损害社会公共利益，将导致严重的法律后果，应当承担的民事责任包括民事赔偿责任和恢复环境的责任；行政处罚包括罚款、责令改正、停产停业等处罚；破坏生态环境构成犯罪的，依照刑法定罪处罚。

法条链接

《民法典》第1234条；《长江保护法》第53条，第93条；《刑法》第340条；《渔业法》第30条，第38条。

附录　《民法典》问答

一、总则

1. 从事民事活动应当遵循哪些基本原则?

民事主体在民事活动中应当遵循六大原则，即平等原则、自愿原则、公平原则、诚信原则、守法与公序良俗原则以及绿色原则。

提示：第一，这些原则意味着民事主体在民事活动中，法律地位一律平等；按照自己的意思设立、变更、终止民事法律关系；合理确定各方的权利和义务；秉持诚实，恪守承诺；不得违反法律，不得违背公序良俗；应当有利于节约资源、保护生态环境。第二，任何民事活动都应当遵循上述原则。（第 4—9 条）[①]

2. 哪些人属于无民事行为能力人或限制民事行为能力人?

不满 8 周岁的未成年人以及不能辨认自己行为的成年人，为无民事行为能力人。8 周岁以上的未成年人和不能完全辨认自己行为的成年人为限制民事行为能力人。

提示：第一，无民事行为能力人，由其法定代理人代理实施民事法律行为。第二，无民事行为能力人实施的民事法律行为无效。第三，无民事行为能力人、限制民事行为能力人的监护人是其法定代理人。第四，限制民事行为能力人实施民事法律行为由其法定代理人代理或者经其法定代理人同意、追认；但是，可以独立实施纯

① 括号内为《民法典》条文序号，表示该问题参见此条款，下同。

获利益的民事法律行为或者与其年龄、智力精神健康状况相适应的民事法律行为。（第 19—23 条，第 144 条）

3. 对胎儿利益有哪些特殊保护?

涉及遗产继承、接受赠与等胎儿利益保护的，胎儿视为具有民事权利能力。但是，胎儿娩出时为死体的，其民事权利能力自始不存在。（第 16 条）

提示：对胎儿利益保护的范围，除遗产继承和接受赠与外，原则上还包括侵权赔偿、抚养费请求权等其他需要保护的情形。

4. 未成年人的监护权如何确定?

父母是未成年子女的监护人。未成年人的父母已经死亡或者没有监护能力的，由下列有监护能力的人按顺序担任监护人：（一）祖父母、外祖父母；（二）兄、姐；（三）其他愿意担任监护人的个人或者组织，但是须经未成年人住所地的居民委员会、村民委员会或者民政部门同意。（第 27 条）

提示：第一，被监护人的父母担任监护人的，可以通过遗嘱指定监护人。第二，依法具有监护资格的人之间可以协议确定监护人。协议确定监护人应当尊重被监护人的真实意愿。（第 29—30 条）

5. 无民事行为能力的成年人的监护人由谁担任?

由下列有监护能力的人按顺序担任：（一）配偶；（二）父母、子女；（三）其他近亲属；（四）其他愿意担任监护人的个人或者组织。

提示：第一，其他近亲属包括祖父母、外祖父母；兄弟姐妹。

第二，上述（四）担任监护人，须经被监护人住所地的居委会、村委会或民政部门同意。（第 28 条）

6. 对监护人的确定有争议应当如何解决?

对监护人的确定有争议的，由被监护人住所地的居民委员会、村民委员会或者民政部门指定监护人。如果有关当事人对指定不服，可以向人民法院申请指定监护人，或者直接向人民法院申请指定监护人。

提示：第一，在指定监护人时，应当尊重被监护人的真实意愿，并按照最有利于被监护人的原则在依法具有监护资格的人中指定。第二，如果被监护人的人身权利、财产权利以及其他合法权益处于无人保护状态，由被监护人住所地的居民委员会、村民委员会、法律规定的有关组织或者民政部门担任临时监护人。第三，监护人被指定后，不得擅自变更；擅自变更的，不免除被指定的监护人的责任。（第 31 条）

7. 监护人有哪些监护职责?

监护人的职责是代理被监护人实施民事法律行为，保护被监护人的人身权利、财产权利以及其他合法权益等。

提示：第一，监护人依法履行监护职责产生的权利，受法律保护。第二，监护人不履行监护职责或者侵害被监护人合法权益的，应当承担法律责任。第三，因发生突发事件等紧急情况，监护人暂时无法履行监护职责，被监护人的生活处于无人照料状态的，被监护人住所地的居民委员会、村民委员会或者民政部门应当为被监护人安排必要的临时生活照料措施。（第 34 条）

8. 哪些情况下可以撤销监护人资格？

（一）实施严重损害被监护人身心健康的行为。如性侵、出卖、遗弃、暴力伤害等。（二）怠于履行监护职责，或无法履行监护职责且拒绝将监护职责部分或全部委托给他人，导致被监护人处于危困状态。如父母有赌博恶习不管孩子、外出打工未委托他人监护等。（三）实施严重侵害被监护人合法权益的其他行为。

提示：撤销监护人资格的程序：第一，人民法院根据有关个人或组织的申请，撤销监护人资格，并安排必要的临时监护措施。第二，有关个人和组织包括：其他依法具有监护资格的人、居民委员会、村民委员会、学校、医疗机构、妇女联合会、残疾人联合会、未成年人保护组织、依法设立的老年人组织、民政部门等。第三，若民政部门以外的组织和个人未及时向人民法院申请撤销监护人资格，民政部门应当向人民法院申请。第四，监护人资格被依法撤销后，其负担的义务应当继续履行。（第 36 条）

9. 自然人享有哪些人身权利？

自然人享有生命权、身体权、健康权、姓名权、肖像权、名誉权、荣誉权、隐私权、婚姻自主权等权利。（第 110 条）

提示：第一，自然人的人身自由、人格尊严受法律保护；自然人的个人信息受法律保护；自然人因婚姻家庭关系等产生的人身权利受法律保护。第二，法律对未成年人、老年人、残疾人、妇女、消费者等的民事权利给予特殊保护。（第 109 条，第 111—112 条，第 128 条）

10. 民事法律行为的有效条件有哪些?

具备下列条件的民事法律行为有效：（一）行为人具有相应的民事行为能力；（二）意思表示真实；（三）不违反法律、行政法规的强制性规定，不违背公序良俗。（第 143 条）

提示：第一，无民事行为能力人实施的民事法律行为无效。第二，限制民事行为能力人实施的纯获利益的民事法律行为或者与其年龄、智力、精神健康状况相适应的民事法律行为有效；实施的其他民事法律行为经法定代理人同意或者追认后有效。第三，行为人与相对人以虚假的意思表示实施的民事法律行为无效。（第 144—146 条）

11. 哪些民事法律行为可以撤销?

一是基于重大误解实施的民事法律行为；二是一方以欺诈手段，使对方在违背真实意思的情况下实施的民事法律行为；三是第三人实施欺诈行为，使一方在违背真实意思的情况下实施的民事法律行为；四是一方或者第三人以胁迫手段，使对方在违背真实意思的情况下实施的民事法律行为；五是一方利用对方处于危困状态、缺乏判断能力等情形，致使民事法律行为成立时显失公平的，受损害方有权请求人民法院或者仲裁机构予以撤销。（第 147—151 条）

提示：有下列情形之一的，撤销权消灭：第一，当事人自知道或者应当知道撤销事由之日起一年内、重大误解的当事人自知道或者应当知道撤销事由之日起九十日内没有行使撤销权；第二，当事人受胁迫，自胁迫行为终止之日起一年内没有行使撤销权；第三，当事人知道撤销事由后明确表示或者以自己的行为表明放弃撤销权。当事人自民事法律行为发生之日起五年内没有行使撤销权的，撤销权消灭。（第 152 条）

12. 民事法律行为无效及其后果是什么?

违反法律、行政法规的强制性规定的民事法律行为无效。但是，该强制性规定不导致该民事法律行为无效的除外。违背公序良俗的民事法律行为无效。行为人与相对人恶意串通，损害他人合法权益的民事法律行为无效。（第 153—154 条）

提示：第一，无效的或者被撤销的民事法律行为自始没有法律约束力。第二，民事法律行为部分无效，不影响其他部分效力的，其他部分仍然有效。第三，民事法律行为无效、被撤销或者确定不发生效力后，行为人因该行为取得的财产，应当予以返还；不能返还或者没有必要返还的，应当折价补偿。有过错的一方应当赔偿对方由此所受到的损失；各方都有过错的，应当各自承担相应的责任。法律另有规定的，依照其规定。（第 155—157 条）

13. 民事法律行为可以附条件吗?

民事法律行为可以附条件，但根据其性质不得附条件的除外。附生效条件的民事法律行为，自条件成就时生效；附解除条件的民事法律行为，自条件成就时失效。（第 158 条）

提示：遗嘱继承或者遗赠附有义务的，继承人或者受遗赠人应当履行义务。没有正当理由不履行义务的，经利害关系人或者有关组织请求，人民法院可以取消其接受附义务部分遗产的权利。（第 1144 条）

14. 按份责任和连带责任如何承担?

二人以上依法承担按份责任，能够确定责任大小的，各自承担相应的责任；难以确定责任大小的，平均承担责任。二人以上依法承担连带责任的，权利人有权请求部分或者全部连带责任人承担责任。连带责任人的责任份额根据各自责任大小确定；难以确定责任大小的，平均承担责任。实际承担责任超过自己责任份额的连带责任人，有权向其他连带责任人追偿。（第 177—178 条）

提示：第一，连带责任对外是一个整体的责任，连带责任中的每个主体都需要对被损害者承担全部责任。第二，连带责任人之间不能约定改变责任的性质和承担主体，对于内部责任份额的约定对外不发生效力。

15. 承担民事责任的方式有哪些?

承担民事责任的方式主要有:（一）停止侵害;（二）排除妨碍;（三）消除危险；（四）返还财产；（五）恢复原状；（六）修理、重作、更换；（七）继续履行；（八）赔偿损失；（九）支付违约金；（十）消除影响、恢复名誉；（十一）赔礼道歉。法律规定惩罚性赔偿的，依照其规定。

提示：第一，上述规定的承担民事责任的方式，可以单独适用，也可以合并适用。第二，因保护他人民事权益使自己受到损害的，由侵权人承担民事责任，受益人可以给予适当补偿。若没有侵权人、侵权人逃逸或无力承担民事责任，受害人请求补偿时，受益人应当给予适当补偿。（第 179 条，第 183 条）

16. 打官司也有保质期吗？

有，法律上称为诉讼时效。向人民法院请求保护民事权利的诉讼时效期间为 3 年。法律另有规定的，依照其规定。诉讼时效期间届满的，义务人可以提出不履行义务的抗辩。（第 188 条，第 192 条）

提示：第一，诉讼时效期间的起算点：自权利人知道或者应当知道权利受到损害以及义务人之日起计算。第二，自权利受到损害之日起超过 20 年的，人民法院不予保护，有特殊情况的，人民法院可以根据权利人的申请决定延长。第三，未成年人遭受性侵害的损害赔偿请求权的诉讼时效期间，自受害人年满 18 周岁之日起计算。（第 188 条，第 191 条）

二、物权

17. 为什么要进行不动产登记？

不动产物权的设立、变更、转让和消灭，应当依照法律规定登记，经依法登记，发生效力；未经登记，不发生效力，但是法律另有规定的除外。

提示：第一，依法属于国家所有的自然资源，所有权可以不登记。不动产登记，由不动产所在地的登记机构办理。第二，国家对不动产实行统一登记制度。统一登记的范围、登记机构和登记办法，由法律、行政法规规定。第三，不动产物权的设立、变更、转让和消灭，依照法律规定应当登记的，自记载于不动产登记簿时发生效力。第四，不动产权属证书，是权利人享有该不动产物权的证明。该权属证书记载的事项应当与不动产登记簿一致，二者不一致的，除有证据证明不动产登记簿确有错误外，以不动产登记簿为准。（第208—210条，第214条，第217条）

18. 什么是所有权？

所有权人对自己的不动产或者动产，依法享有占有、使用、收益和处分的权利。（第240条）

提示：第一，所有权人有权在自己的不动产或者动产上设立用益物权和担保物权。用益物权人、担保物权人行使权利，不得损害所有权人的权益。第二，法律规定专属于国家所有的不动产和动产，任何组织或者个人不能取得所有权。第三，为了公共利益的需要，依照法律规定的权限和程序可以征收集体所有的土地和组织、个人的房屋以及其他不动产。（第241—243条）

19. 业主对建筑物有哪些权利和义务？

业主对建筑物内的住宅、经营性用房等专有部分享有所有权，对专有部分以外的共有部分享有共有和共同管理的权利。业主对其建筑物专有部分享有占有、使用、收益和处分的权利。业主应当依法配合物业服务企业或者其他管理人执行政府依法实施的管理措施，接受业主委员会的依法依规管理。（第271—272条，第286条）

提示：第一，业主行使权利不得危及建筑物的安全，不得损害其他业主的合法权益。第二，业主对建筑物专有部分以外的共有部分，享有权利，承担义务；不得以放弃权利为由不履行义务。业主转让建筑物内的住宅、经营性用房，其对共有部分享有的共有和共同管理的权利一并转让。第三，业主不得违反法律、法规以及管理规约，将住宅改变为经营性用房。业主将住宅改变为经营性用房的，除遵守法律、法规以及管理规约外，应当经有利害关系的业主一致同意。（第 272—273 条，第 279 条）

20. 建筑区划内道路、绿地、车位、车库等归属于谁？

建筑区划内的道路，属于业主共有，但是属于城镇公共道路的除外。建筑区划内的绿地，属于业主共有，但是属于城镇公共绿地或者明示属于个人的除外。建筑区划内，规划用于停放汽车的车位、车库的归属，由当事人通过出售、附赠或者出租等方式约定。占用业主共有的道路或者其他场地用于停放汽车的车位，属于业主共有。（第 274—275 条）

提示：第一，建筑区划内，规划用于停放汽车的车位、车库应当首先满足业主的需要。第二，建筑区划内的其他公共场所、公用设施和物业服务用房，属于业主共有。（第 274 条，第 276 条）

21. 建筑物及其附属设施维修资金的归属和处分是如何规定的？

建筑物及其附属设施的维修资金，属于业主共有。经业主共同决定，可以用于电梯、屋顶、外墙、无障碍设施等共有部分的维修、更新和改造。建筑物及其附属设施的维修资金的筹集、使用情况应当定期公布。紧急情况下需要维修建筑物及其附属设施的，业主大会或者业主委员会可以依法申请使用。（第 281 条）

提示：使用维修资金应当由业主共同决定并表决，由专有部分面积占比 2/3 以上的业主且人数占比 2/3 以上的业主参与表决，并由参与表决的面积和人数皆过半的业主同意。（第 278 条）

22. 业主和物业服务企业的关系是怎样的?

物业服务企业根据业主的委托，依照法律规定和物业服务合同的约定管理建筑区划内的建筑物及其附属设施，接受业主的监督，并及时答复业主对物业服务情况提出的询问。物业服务企业应当执行政府依法实施的应急处置措施和其他管理措施，积极配合开展相关工作。（第 285 条）

提示：第一，业主可以自行管理建筑物及其附属设施，也可以委托物业服务企业或者其他管理人管理。对建设单位聘请的物业服务企业或者其他管理人，业主有权依法更换。第二，业主对建设单位、物业服务企业或者其他管理人以及其他业主侵害自己合法权益的行为，有权请求其承担民事责任。（第 284 条，第 287 条）

23. 邻居之间应如何处理相邻关系?

不动产的相邻权利人应当按照有利生产、方便生活、团结互助、公平合理的原则，正确处理相邻关系。（第 288 条）

提示：第一，不动产权利人应当为相邻权利人用水、排水提供必要的便利。对自然流水的利用，应当在不动产的相邻权利人之间合理分配。对自然流水的排放，应当尊重自然流向。第二，不动产权利人对相邻权利人因通行等必须利用其土地的，应当提供必要的便利。第三，建造建筑物，不得违反国家有关工程建设标准，不得妨碍相邻建筑物的通风、采光和日照。第四，不动产权利人不得违反国家规定弃置固体废物，排放大气污染物、水污染物、土壤污染

物、噪声、光辐射、电磁辐射等有害物质。（第 290—291 条，第 293—294 条）

24. 共有有哪些类型？

不动产或者动产可以由两个以上组织、个人共有。共有包括按份共有和共同共有。按份共有人对共有的不动产或者动产按照其份额享有所有权。共同共有人对共有的不动产或者动产共同享有所有权。（第 297—299 条）

提示：共有人约定不得分割共有的不动产或者动产，以维持共有关系的，应当按照约定，但是共有人有重大理由需要分割的，可以请求分割；没有约定或者约定不明确的，按份共有人可以随时请求分割，共同共有人在共有的基础丧失或者有重大理由需要分割时可以请求分割。因分割造成其他共有人损害的，应当给予赔偿。（第 303 条）

25. 拾得遗失物应该如何处理？

拾得遗失物，应当返还权利人。拾得人应当及时通知权利人领取，或者送交公安等有关部门。（第 314 条）

提示：第一，有关部门收到遗失物，知道权利人的，应当及时通知其领取；不知道的，应当及时发布招领公告。第二，拾得人在遗失物送交有关部门前，有关部门在遗失物被领取前，应当妥善保管遗失物。因故意或者重大过失致使遗失物毁损、灭失的，应当承担民事责任。第三，权利人领取遗失物时，应当向拾得人或者有关部门支付保管遗失物等支出的必要费用。第四，遗失物自发布招领公告之日起一年内无人认领的，归国家所有。（第 315—318 条）

26. 如何设立居住权？

设立居住权，当事人应当采用书面形式订立居住权合同。居住权合同一般包括下列条款：（一）当事人的姓名或者名称和住所；（二）住宅的位置；（三）居住的条件和要求；（四）居住权期限；（五）解决争议的方法。（第 367 条）

提示：第一，居住权人有权按照合同约定，对他人的住宅享有占有、使用的用益物权，以满足生活居住的需要。第二，设立居住权的，应当向登记机构申请居住权登记。居住权自登记时设立。第三，居住权不得转让、继承。设立居住权的住宅不得出租，但是当事人另有约定的除外。第四，居住权期限届满或者居住权人死亡的，居住权消灭。居住权消灭的，应当及时办理注销登记。（第 366 条，第 368—370 条）

27. 什么是留置权？

债务人不履行到期债务，债权人可以留置已经合法占有的债务人的动产，并有权就该动产优先受偿。（第 447 条）

提示：第一，债权人留置的动产，应当与债权属于同一法律关系，但是企业之间留置的除外。第二，法律规定或者当事人约定不得留置的动产，不得留置。第三，留置权人负有妥善保管留置财产的义务；因保管不善致使留置财产毁损、灭失的，应当承担赔偿责任。（第 448—449 条，第 451 条）

28. 什么是返还原物请求权和占有返还请求权？

不动产或者动产被占有人占有的，权利人可以请求返还原物及

其孳息；但是，应当支付善意占有人因维护该不动产或者动产支出的必要费用。（第 460 条）

提示：第一，对妨害占有的行为，占有人有权请求排除妨害或者消除危险；因侵占或者妨害造成损害的，占有人有权依法请求损害赔偿。第二，占有人返还原物的请求权，自侵占发生之日起 1 年内未行使的，该请求权消灭。（第 462 条）

三、合同

29. 什么是合同?

合同是民事主体之间设立、变更、终止民事法律关系的协议。婚姻、收养、监护等有关身份关系的协议，适用有关该身份关系的法律规定；没有规定的，可以根据其性质参照适用《民法典》合同编规定。（第 464 条）

提示：依法成立的合同，受法律保护，且具有相对性，仅对当事人具有法律约束力，但是法律另有规定的除外。（第 465 条）

30. 订立合同有哪几种形式?

当事人订立合同，可以采用书面形式、口头形式或者其他形式。书面形式是合同书、信件、电报、电传、传真等可以有形地表现所载内容的形式。以电子数据交换、电子邮件等方式能够有形地表现所载内容，并可以随时调取查用的数据电文，视为书面形式。（第 469 条）

提示：当事人订立合同，可以采取要约、承诺方式或者其他方

式。（第 471 条）

31. 什么是合同的格式条款?

格式条款是当事人为了重复使用而预先拟定，并在订立合同时未与对方协商的条款。采用格式条款订立合同的，提供格式条款的一方应当遵循公平原则确定当事人之间的权利和义务，并采取合理的方式提示对方注意免除或者减轻其责任等与对方有重大利害关系的条款，按照对方的要求，对该条款予以说明。提供格式条款的一方未履行提示或者说明义务，致使对方没有注意或者理解与其有重大利害关系的条款的，对方可以主张该条款不成为合同的内容。（第 496 条）

提示：第一，提供格式条款一方不合理地免除或者减轻其责任、加重对方责任、限制对方主要权利；或提供格式条款一方排除对方主要权利的，该格式条款无效。第二，对格式条款的理解发生争议的，应当按照通常理解予以解释。对格式条款有两种以上解释的，应当作出不利于提供格式条款一方的解释。格式条款和非格式条款不一致的，应当采用非格式条款。第三，合同中的下列免责条款无效：（一）造成对方人身损害的；（二）因故意或者重大过失造成对方财产损失的。（第 497—498 条，第 506 条）

32. 什么是悬赏广告?

悬赏人以公开方式声明对完成特定行为的人支付报酬的，完成该行为的人可以请求其支付。（第 499 条）

提示：第一，悬赏广告的构成要件包括：公开声明；在声明中提出明确要求；有支付报酬的意思表示。第二，完成特定行为的人请求悬赏人支付报酬，悬赏人不得拒绝。

33. 合同的生效时间与履行原则是什么？

依法成立的合同，自成立时生效，但是法律另有规定或者当事人另有约定的除外。（第 502 条）

当事人应当按照约定全面履行自己的义务。当事人应当遵循诚信原则，根据合同的性质、目的和交易习惯履行通知、协助、保密等义务。当事人在履行合同过程中，应当避免浪费资源、污染环境和破坏生态。（第 509 条）

提示：依照法律、行政法规的规定，合同应当办理批准等手续的，依照其规定。未办理批准等手续影响合同生效的，不影响合同中履行报批等义务条款以及相关条款的效力。应当办理申请批准等手续的当事人未履行义务的，对方可以请求其承担违反该义务的责任。（第 502 条）

34. 合同约定不明怎么办？

合同生效后，当事人就质量、价款或者报酬、履行地点等内容没有约定或者约定不明确的，可以协议补充；不能达成补充协议的，按照合同相关条款或者交易习惯确定。（第 510 条）

提示：依据《民法典》第 510 条规定仍不能确定的，第一，质量要求不明确的，按照强制性国家标准履行；没有强制性国家标准的，按照推荐性国家标准履行；没有推荐性国家标准的，按照行业标准履行；没有国家标准、行业标准的，按照通常标准或者符合合同目的的特定标准履行。第二，履行地点不明确的，给付货币的，在接受货币一方所在地履行；交付不动产的，在不动产所在地履行；

其他标的，在履行义务一方所在地履行。第三，履行期限不明确的，债务人可以随时履行，债权人也可以随时请求履行，但是应当给对方必要的准备时间。（第 511 条）

35. 什么是债权人代位权?

因债务人怠于行使其债权或者与该债权有关的从权利，影响债权人的到期债权实现的，债权人可以向人民法院请求以自己的名义代位行使债务人对相对人的权利，但是该权利专属于债务人自身的除外。（第 535 条）

提示：第一，代位权的行使范围以债权人的到期债权为限。债权人行使代位权的必要费用，由债务人负担。相对人对债务人的抗辩，可以向债权人主张。第二，债权人的债权到期前，债务人的债权或者与该债权有关的从权利存在诉讼时效期间即将届满或者未及时申报破产债权等情形，影响债权人的债权实现的，债权人可以代位向债务人的相对人请求其向债务人履行、向破产管理人申报或者作出其他必要的行为。（第 535—536 条）

36. 什么情况下债权人可以行使撤销权?

债务人以放弃其债权、放弃债权担保、无偿转让财产等方式无偿处分财产权益，或者恶意延长其到期债权的履行期限，影响债权人的债权实现的，债权人可以请求人民法院撤销债务人的行为。债务人以明显不合理的低价转让财产、以明显不合理的高价受让他人财产或者为他人的债务提供担保，影响债权人的债权实现，债务人的相对人知道或者应当知道该情形的，债权人可以请求人民法院撤销债务人的行为。（第 538—539 条）

提示：第一，撤销权自债权人知道或者应当知道撤销事由之日起 1 年内行使。自债务人的行为发生之日起 5 年内没有行使撤销权的，该撤销权消灭。第二，债务人影响债权人的债权实现的行为被撤销的，自始没有法律约束力。（第 541—542 条）

37. 合同解除的情形有哪些?

当事人可以解除合同的情形有：（一）因不可抗力致使不能实现合同目的；（二）在履行期限届满前，当事人一方明确表示或者以自己的行为表明不履行主要债务；（三）当事人一方迟延履行主要债务，经催告后在合理期限内仍未履行；（四）当事人一方迟延履行债务或者有其他违约行为致使不能实现合同目的；（五）法律规定的其他情形。（第 563 条）

提示：第一，当事人协商一致，可以解除合同。第二，以持续履行的债务为内容的不定期合同，当事人可以随时解除合同，但是应当在合理期限之前通知对方。（第 562—563 条）

38. 合同的违约责任有哪些?

当事人一方不履行合同义务或者履行合同义务不符合约定的，应当承担继续履行、采取补救措施或者赔偿损失等违约责任。（第 577 条）

提示：第一，当事人一方明确表示或者以自己的行为表明不履行合同义务的，对方可以在履行期限届满前请求其承担违约责任。第二，当事人一方未支付价款、报酬、租金、利息，或者不履行其他金钱债务的，对方可以请求其支付。（第 578—579 条）

39. 违约损害赔偿的范围是什么?

当事人一方不履行合同义务或者履行合同义务不符合约定，造成对方损失的，损失赔偿额应当相当于因违约所造成的损失，包括合同履行后可以获得的利益；但是，不得超过违约一方订立合同时预见到或者应当预见到的因违约可能造成的损失。（第 584 条）

提示：第一，违约损害赔偿包括法定的赔偿损失和约定的赔偿损失，在不违反法律规定的前提下，当事人事先约定免责或限制责任条款是有效的。第二，在无法律特别规定也没有约定的情况下，应按照完全赔偿原则进行赔偿，即以受害人的损失作为确定赔偿范围的标准。

40. 合同违约金如何约定?

当事人可以约定一方违约时应当根据违约情况向对方支付一定数额的违约金，也可以约定因违约产生的损失赔偿额的计算方法。（第 585 条）

提示：第一，约定的违约金低于造成的损失的，人民法院或者仲裁机构可以根据当事人的请求予以增加。第二，约定的违约金过分高于造成的损失的，人民法院或者仲裁机构可以根据当事人的请求予以适当减少。第三，当事人就迟延履行约定违约金的，违约方支付违约金后，还应当履行债务。（第 585 条）

41. 定金的特点是什么?

当事人可以约定一方向对方给付定金作为债权的担保。定金合同自实际交付定金时成立。定金的数额由当事人约定；但是，不得超过主合同标的额的 20%，超过部分不产生定金的效力。实际交付

的定金数额多于或者少于约定数额的，视为变更约定的定金数额。（第 586 条）

提示：第一，债务人履行债务的，定金应当抵作价款或者收回。给付定金的一方不履行债务或者履行债务不符合约定，致使不能实现合同目的的，无权请求返还定金；收受定金的一方不履行债务或者履行债务不符合约定，致使不能实现合同目的的，应当双倍返还定金。第二，当事人既约定违约金，又约定定金的，一方违约时，对方可以选择适用违约金或者定金条款。定金不足以弥补一方违约造成的损失的，对方可以请求赔偿超过定金数额的损失。（第 587—588 条）

42. 买卖合同应当必备哪些条款?

买卖合同是出卖人转移标的物的所有权于买受人，买受人支付价款的合同。买卖合同的内容一般包括标的物的名称、数量、质量、价款、履行期限、履行地点和方式、包装方式、检验标准和方法、结算方式、合同使用的文字及其效力等条款。（第 595—596 条）

提示：因出卖人未取得处分权致使标的物所有权不能转移的，买受人可以解除合同并请求出卖人承担违约责任。法律、行政法规禁止或者限制转让的标的物，依照其规定。（第 597 条）

43. 赠与合同可以撤销吗?

赠与人在赠与财产的权利转移之前可以撤销赠与。经过公证的赠与合同或者依法不得撤销的具有救灾、扶贫、助残等公益、道德义务性质的赠与合同，不适用前款规定。受赠人有严重侵害赠与人或者赠与人近亲属的合法权益、对赠与人有扶养义务而不履行、不履行赠与合同约定的义务情形之一的，赠与人可以撤销赠与。因受赠人的违法行为致使赠与人死亡或者丧失民事行为能力的，赠与人的继承人或者法定代理人可以撤销赠与。（第658条，第663—664条）

提示：第一，赠与合同是赠与人将自己的财产无偿给予受赠人，受赠人表示接受赠与的合同。第二，赠与的财产依法需要办理登记或者其他手续的，应当办理有关手续。第三，经过公证的赠与合同或者依法不得撤销的具有救灾、扶贫、助残等公益、道德义务性质的赠与合同，赠与人不交付赠与财产的，受赠人可以请求交付。第四，赠与人的继承人或者法定代理人的撤销权，自知道或者应当知道撤销事由之日起6个月内行使。（第657条，第659—660条，第664条）

44. 借款人逾期返还借款应当承担什么责任?

借款人未按照约定的期限返还借款的，应当按照约定或者国家有关规定支付逾期利息。（第676条）

提示：借款人应当按照约定的期限返还借款。对借款期限没有约定或者约定不明确，依据《民法典》第510条的规定仍不能确定的，借款人可以随时返还；贷款人可以催告借款人在合理期限内返还。（第675条）

45. 一般保证和连带责任保证有什么区别?

保证的方式包括一般保证和连带责任保证。当事人在保证合同中对保证方式没有约定或者约定不明确的，按照一般保证承担保证责任。当事人在保证合同中约定，债务人不能履行债务时，由保证人承担保证责任的，为一般保证。当事人在保证合同中约定保证人和债务人对债务承担连带责任的，为连带责任保证。（第686—688条）

提示：第一，一般保证的保证人在主合同纠纷未经审判或者仲裁，并就债务人财产依法强制执行仍不能履行债务前，有权拒绝向债权人承担保证责任，但是有下列情形之一的除外：（一）债务人下落不明，且无财产可供执行；（二）法院已经受理债务人破产案件；（三）债权人有证据证明债务人的财产不足以履行全部债务或者丧失履行债务能力；（四）保证人书面表示放弃本款规定的权利。第二，连带责任保证的债务人不履行到期债务或者发生当事人约定的情形时，债权人可以请求债务人履行债务，也可以请求保证人在其保证范围内承担保证责任。（第 687—688 条）

46. 房屋租赁合同双方的权利义务?

出租人应当按照约定将租赁物交付承租人，并在租赁期限内保持租赁物符合约定的用途。承租人应当按照约定的方法使用租赁物。对租赁物的使用方法没有约定或者约定不明确，依据《民法典》第 510 条的规定仍不能确定的，应当根据租赁物的性质使用。（第 708—709 条）

提示：第一，承租人未按照约定的方法或者未根据租赁物的性质使用租赁物，致使租赁物受到损失的，出租人可以解除合同并请求赔偿损失。第二，承租人应当妥善保管租赁物，因保管不善造成租赁物毁损、灭失的，应当承担赔偿责任。第三，租赁期限届满，承租人应当返还租赁物。返还的租赁物应当符合按照约定或者根据租赁物的性质使用后的状态。第四，租赁期限届满，承租人继续使用租赁物，出租人没有提出异议的，原租赁合同继续有效，但是租赁期限为不定期。租赁期限届满，房屋承租人享有以同等条件优先承租的权利。（第 711 条，第 714 条，第 733—734 条）

47. 承揽合同的特点是什么？

承揽合同是承揽人按照定作人的要求完成工作，交付工作成果，定作人支付报酬的合同。承揽包括加工、定作、修理、复制、测试、检验等工作。承揽合同的内容一般包括承揽的标的、数量、质量、报酬，承揽方式，材料的提供，履行期限，验收标准和方法等条款。（第770—771条）

提示： 第一，承揽人应当以自己的设备、技术和劳力，完成主要工作，但是当事人另有约定的除外。第二，承揽人将其承揽的主要工作交由第三人完成的，应当就该第三人完成的工作成果向定作人负责；未经定作人同意的，定作人也可以解除合同。（第772条）

48. 运输过程中的货物损失由谁承担责任？

承运人对运输过程中货物的毁损、灭失承担赔偿责任。但是，承运人证明货物的毁损、灭失是因不可抗力、货物本身的自然性质或者合理损耗以及托运人、收货人的过错造成的，不承担赔偿责任。（第832条）

提示： 第一，货物的毁损、灭失的赔偿额，当事人有约定的，按照其约定；没有约定或者约定不明确，依据《民法典》第510条的规定仍不能确定的，按照交付或者应当交付时货物到达地的市场价格计算。第二，法律、行政法规对赔偿额的计算方法和赔偿限额另有规定的，依照其规定。（第833条）

49. 什么是物业服务人的一般义务和信息公开义务？

物业服务人应当按照物业服务合同约定和物业的使用性质，妥善维修、养护、清洁、绿化和经营管理物业服务区域内的业主共有部分，维护物业服务区域内的基本秩序，采取合理措施保护业主的人身、财产安全。（第 942 条）

提示： 第一，对物业服务区域内违反有关治安、环保、消防等法律法规的行为，物业服务人应当及时采取合理措施制止、向有关行政主管部门报告并协助处理。第二，物业服务人应当定期将服务的事项、负责人员、质量要求、收费项目、收费标准、履行情况，以及维修资金使用情况、业主共有部分的经营与收益情况等以合理方式向业主公开并向业主大会、业主委员会报告。（第 942—943 条）

50. 什么是业主支付物业费义务?

业主应当按照约定向物业服务人支付物业费。物业服务人已经按照约定和有关规定提供服务的，业主不得以未接受或者无需接受相关物业服务为由拒绝支付物业费。（第 944 条）

提示： 第一，业主违反约定逾期不支付物业费的，物业服务人可以催告其在合理期限内支付；合理期限届满仍不支付的，物业服务人可以提起诉讼或者申请仲裁。

第二，物业服务人不得采取停止供电、供水、供热、供燃气等方式催交物业费。（第 944 条）

51. 什么是不当得利人的返还义务?

因他人没有法律根据，取得不当利益，受损失的人有权请求其返还不当利益。但是有下列情形之一的，受损失的人不可以请求得利人返还取得的利益：（一）为履行道德义务进行的给付；（二）债

务到期之前的清偿；（三）明知无给付义务而进行的债务清偿。（第122条，第985条）

提示：第一，得利人不知道且不应当知道取得的利益没有法律根据，取得的利益已经不存在的，不承担返还该利益的义务。第二，得利人知道或者应当知道取得的利益没有法律根据的，受损失的人可以请求得利人返还其取得的利益并依法赔偿损失。（第986—987条）

四、人格权

52. 什么是人格权？

人格权是民事主体享有的生命权、身体权、健康权、姓名权、名称权、肖像权、名誉权、荣誉权、隐私权等权利。除以上人格权外，自然人享有基于人身自由、人格尊严产生的其他人格权益。（第990条）

提示：第一，民事主体的人格权受法律保护，任何组织或者个人不得侵害。第二，人格权不得放弃、转让或者继承。第三，民事主体可以将自己的姓名、名称、肖像等许可他人使用，但是依照法律规定或者根据其性质不得许可的除外。第四，死者的姓名、肖像、名誉、荣誉、隐私、遗体等受到侵害的，其配偶、子女、父母有权依法请求行为人承担民事责任；死者没有配偶、子女且父母已经死亡的，其他近亲属有权依法请求行为人承担民事责任。（第991—994条）

53. 侵害人格权是否承担民事责任?

人格权受到侵害的，受害人有权依照本法和其他法律的规定请求行为人承担民事责任。因当事人一方的违约行为，损害对方人格权并造成严重精神损害，受损害方选择请求其承担违约责任的，不影响受损害方请求精神损害赔偿。（第 995—996 条）

提示：第一，认定行为人承担侵害除生命权、身体权和健康权外的人格权的民事责任，应当考虑行为人和受害人的职业、影响范围、过错程度，以及行为的目的、方式、后果等因素。第二，为公共利益实施新闻报道、舆论监督等行为的，可以合理使用民事主体的姓名、名称、肖像、个人信息等；使用不合理侵害民事主体人格权的，应当依法承担民事责任。第三，行为人因侵害人格权承担消除影响、恢复名誉、赔礼道歉等民事责任的，应当与行为的具体方式和造成的影响范围相当。（第 998—1000 条）

54. 人体临床试验对受试者有哪些保护?

为研制新药、医疗器械或者发展新的预防和治疗方法，需要进行临床试验的，应当依法经相关主管部门批准并经伦理委员会审查同意，向受试者或者受试者的监护人告知试验目的、用途和可能产生的风险等详细情况，并经其书面同意。不得向受试者收取试验费用。（第 1008 条）

提示：第一，受试者享有是否参加试验的自主决定权，允许受试者在任何阶段退出试验。第二，知情同意权由受试者或其监护人依法行使。第三，受试者受到试验造成的损害，应当得到赔偿或补偿。

55. 如何应对性骚扰?

违背他人意愿，以言语、文字、图像、肢体行为等方式对他人实施性骚扰的，受害人有权依法请求行为人承担民事责任。（第1010条）

提示：第一，机关、企业、学校等单位应当采取合理的预防、受理投诉、调查处置等措施，防止和制止利用职权、从属关系等实施性骚扰。第二，单位未尽到采取合理措施义务的，受害人有权依法请求单位承担民事责任。

56. 自然人的姓氏如何确定?

自然人应当随父姓或者母姓，但是有下列情形之一的，可以在父姓和母姓之外选取姓氏：（一）选取其他直系长辈血亲的姓氏；（二）因由法定扶养人以外的人扶养而选取扶养人姓氏；（三）有不违背公序良俗的其他正当理由。少数民族自然人的姓氏可以遵从本民族的文化传统和风俗习惯。（第1015条）

提示：第一，自然人享有姓名权，有权依法决定、使用、变更或者许可他人使用自己的姓名，但是不得违背公序良俗。第二，任何组织或者个人不得以干涉、盗用、假冒等方式侵害他人的姓名权。第三，自然人决定、变更姓名的，应当依法向有关机关办理登记手续。变更前实施的民事法律行为对其具有法律约束力。（第1012条，第1014条，第1016条）

57. 法律对名称权有何保护?

法人、非法人组织享有名称权，有权依法决定、使用、变更、转让或者许可他人使用自己的名称。任何组织或者个人不得以干涉、盗用、假冒等方式侵害他人的名称权。（第 1013—1014 条）

提示：名称权受到侵害的，受害人有权依法请求行为人承担民事责任。

58. 肖像权有哪些?

自然人享有肖像权，有权依法制作、使用、公开或者许可他人使用自己的肖像。肖像是通过影像、雕塑、绘画等方式在一定载体上所反映的特定自然人可以被识别的外部形象。（第 1018 条）

提示：当事人对肖像许可使用合同中关于肖像使用条款的理解有争议的，应当作出有利于肖像权人的解释。（第 1021 条）

59. 哪些情形下，可以不经肖像权人同意使用他人肖像?

合理实施下列行为的，可以不经肖像权人同意：（一）为个人学习、艺术欣赏、课堂教学或者科学研究，在必要范围内使用肖像权人已经公开的肖像；（二）为实施新闻报道，不可避免地制作、使用、公开肖像权人的肖像；（三）为依法履行职责，国家机关在必要范围内制作、使用、公开肖像权人的肖像；（四）为展示特定公共环境，不可避免地制作、使用、公开肖像权人的肖像；（五）为维护公共利益或者肖像权人合法权益，制作、使用、公开肖像权人的肖像的其他行为。（第 1020 条）

提示：任何组织或者个人不得以丑化、污损，或者利用信息技术手段伪造等方式侵害他人的肖像权。未经肖像权人同意，不得制作、使用、公开肖像权人的肖像，但是法律另有规定的除外。未经肖像权人同意，肖像作品权利人不得以发表、复制、发行、出租、

展览等方式使用或者公开肖像权人的肖像。（第 1019 条）

60. 如何理解名誉权？

民事主体享有名誉权。任何组织或者个人不得以侮辱、诽谤等方式侵害他人的名誉权。名誉是对民事主体的品德、声望、才能、信用等的社会评价。（第 1024 条）

提示：行为人为公共利益实施新闻报道、舆论监督等行为，影响他人名誉的，不承担民事责任，但是有下列情形之一的除外：（一）捏造、歪曲事实；（二）对他人提供的严重失实内容未尽到合理核实义务；（三）使用侮辱性言辞等贬损他人名誉。（第 1025 条）

61. 如何理解信用评价？

信用是名誉的重要组成部分，信用评价是对一个民事主体的履行义务能力，特别是经济能力的一种社会评价。

提示：第一，民事主体可以依法查询自己的信用评价；发现信用评价不当的，有权提出异议并请求采取更正、删除等必要措施。第二，信用评价人应当及时核查，经核查属实的，应当及时采取必要措施。第三，信用评价机构有过错的，应当就损害后果承担民事责任。（第 1029 条）

62. 如何理解个人隐私权？

自然人享有隐私权。任何组织或者个人不得以刺探、侵扰、泄露、公开等方式侵害他人的隐私权。隐私是自然人的私人生活安宁和不愿为他人知晓的私密空间、私密活动、私密信息。（第 1032 条）

提示：除法律另有规定或者权利人明确同意外，任何组织或者个人不得实施下列行为：（一）以电话、短信、即时通讯工具、电子邮件、传单等方式侵扰他人的私人生活安宁；（二）进入、拍摄、窥视他人的住宅、宾馆房间等私密空间；（三）拍摄、窥视、窃听、公开他人的私密活动；（四）拍摄、窥视他人身体的私密部位；（五）处理他人的私密信息；（六）以其他方式侵害他人的隐私权。（第 1033 条）

63. 个人信息及其处理原则是什么？

自然人的个人信息受法律保护。个人信息是以电子或者其他方式记录的能够单独或者与其他信息结合识别特定自然人的各种信息，包括自然人的姓名、出生日期、身份证件号码、生物识别信息、住址、电话号码、电子邮箱、健康信息、行踪信息等。（第 1034 条）

提示：第一，处理个人信息应当遵循合法、正当、必要的原则，不得过度处理，并符合下列条件：（一）征得该自然人或者其监护人同意，但是法律、行政法规另有规定的除外；（二）公开处理信息的规则；（三）明示处理信息的目的、方式和范围；（四）不违反法律、行政法规的规定和双方的约定。第二，个人信息的处理包括个人信息的收集、存储、使用、加工、传输、提供、公开等。（第 1035 条）

五、婚姻家庭

64. 关于婚姻家庭有哪些禁止性和倡导性规定？

禁止包办、买卖婚姻和其他干涉婚姻自由的行为。禁止借婚姻

索取财物。禁止重婚。禁止有配偶者与他人同居。禁止家庭暴力。禁止家庭成员间的虐待和遗弃。（第 1042 条）

提示：家庭应当树立优良家风，弘扬家庭美德，重视家庭文明建设。夫妻应当互相忠实，互相尊重，互相关爱。家庭成员应当敬老爱幼，互相帮助，维护平等、和睦、文明的婚姻家庭关系。（第 1043 条）

65. 怎样区分亲属、近亲属和家庭成员？

亲属包括配偶、血亲和姻亲。（第 1045 条）

提示：第一，配偶、父母、子女、兄弟姐妹、祖父母、外祖父母、孙子女、外孙子女为近亲属。配偶、父母、子女和其他共同生活的近亲属为家庭成员。第二，继父或者继母和受其抚养教育的继子女间的权利义务关系，适用《民法典》关于父母子女关系的规定。（第 1045 条，第 1072 条）

66. 如何理解结婚自愿？

结婚应当男女双方完全自愿，禁止任何一方对另一方加以强迫，禁止任何组织或者个人加以干涉。（第 1046 条）

提示：要求结婚的男女双方应当亲自到婚姻登记机关申请结婚登记。符合本法规定的，予以登记，发给结婚证。完成结婚登记，即确立婚姻关系。未办理结婚登记的，应当补办登记。（第 1049 条）

67. 哪些情形下的婚姻无效？

（一）重婚；（二）有禁止结婚的亲属关系；（三）未到法定婚龄。（第 1051 条）

提示：第一，有配偶而重婚的，或者明知他人有配偶而与之结婚的，处 2 年以下有期徒刑或者拘役。第二，直系血亲或者三代以内的旁系血亲禁止结婚。第三，结婚年龄，男不得早于 22 周岁，女不得早于 20 周岁。（第 1047—1048 条；《刑法》第 258 条）

68. 哪些情形的婚姻可以撤销?

因胁迫结婚的，受胁迫的一方可以向人民法院请求撤销婚姻。一方患有重大疾病的，应当在结婚登记前如实告知另一方；不如实告知的，另一方可以向人民法院请求撤销婚姻。（第 1052—1053 条）

提示：第一，受胁迫婚姻，请求撤销婚姻的，应当自胁迫行为终止之日起 1 年内提出。被非法限制人身自由的当事人请求撤销婚姻的，应当自恢复人身自由之日起 1 年内提出。第二，隐瞒重大疾病的婚姻，请求撤销婚姻的，应当自知道或者应当知道撤销事由之日起 1 年内提出。（第 1052—1053 条）

69. 民法典中有关夫妻关系的规定有哪些?

夫妻在婚姻家庭中地位平等；夫妻双方都有各自使用自己姓名的权利；夫妻双方都有参加生产、工作、学习和社会活动的自由，一方不得对另一方加以限制或者干涉；夫妻双方平等享有对未成年子女抚养、教育和保护的权利，共同承担对未成年子女抚养、教育和保护的义务；夫妻有相互扶养的义务，需要扶养的一方在另一方不履行扶养义务时，有要求其给付扶养费的权利；夫妻有相互继承遗产的权利。（第 1055—1059 条，第 1061 条）

提示：夫妻一方因家庭日常生活需要而实施的民事法律行为，除另有约定外，对夫妻双方发生效力。（第 1060 条）

70. 哪些财产为夫妻双方的共同财产?

夫妻在婚姻关系存续期间所得的下列财产，为夫妻的共同财产，归夫妻共同所有：（一）工资、奖金、劳务报酬；（二）生产、经营、投资的收益；（三）知识产权的收益；（四）继承或者受赠的财产，遗嘱或者赠与合同中确定只归一方的财产除外；（五）其他应当归共同所有的财产。夫妻对共同财产，有平等的处理权。（第 1062 条）

提示：第一，婚姻关系存续期间，除个人特有财产和夫妻另有约定外，夫妻双方或者一方所得的财产，均归夫妻共同所有，共同所有指共同共有，而非按份共有。第二，夫妻双方享有平等的占有、使用、收益和处分的权利。第三，遗嘱或者赠与合同中指明财产归夫妻一方所有的，应当尊重遗嘱人、赠与人本人对财产的处分权，该财产归一方所有。

71. 哪些财产为夫妻一方的个人财产?

（一）一方的婚前财产；（二）一方因受到人身损害获得的赔偿或者补偿；（三）遗嘱或者赠与合同中确定只归一方的财产；（四）一方专用的生活用品；（五）其他应当归一方的财产。（第 1063 条）

提示：除上述列举的四项外，夫妻个人财产的范围会随着社会经济的发展和新的财产类型的出现而增加。

72. 夫妻共同债务有哪些?

夫妻双方共同签名或者夫妻一方事后追认等共同意思表示所负的债务，以及夫妻一方在婚姻关系存续期间以个人名义为家庭日常

生活需要所负的债务，属于夫妻共同债务。（第 1064 条）

提示：夫妻一方在婚姻关系存续期间以个人名义超出家庭日常生活需要所负的债务，不属于夫妻共同债务；但是，债权人能够证明该债务用于夫妻共同生活、共同生产经营或者基于夫妻双方共同意思表示的除外。（第 1064 条）

73. 夫妻协议离婚应当如何办理？

夫妻双方自愿离婚的，应当签订书面离婚协议，并亲自到婚姻登记机关申请离婚登记。离婚协议应当载明双方自愿离婚的意思表示和对子女抚养、财产以及债务处理等事项协商一致的意见。（第 1076 条）

提示：第一，离婚冷静期。自婚姻登记机关收到离婚登记申请之日起 30 日内，任何一方不愿意离婚的，可以向婚姻登记机关撤回离婚登记申请。前款规定期限届满后 30 日内，双方应当亲自到婚姻登记机关申请发给离婚证；未申请的，视为撤回离婚登记申请。第二，离婚登记。婚姻登记机关在查明双方确实是自愿离婚，并已经对子女抚养、财产以及债务处理等事项协商一致的情况下，予以登记，发给离婚证。（第 1077—1078 条）

74. 夫妻一方起诉离婚，法院如何处理？

法院审理离婚案件，应当进行调解；如果感情确已破裂，调解无效的，应当准予离婚。有下列情形之一，调解无效的，应当准予离婚：（一）重婚或者与他人同居；（二）实施家庭暴力或者虐待、遗弃家庭成员；（三）有赌博、吸毒等恶习屡教不改；（四）因感情不和分居满 2 年；（五）其他导致夫妻感情破裂的情形。（第

1079 条）

提示：第一，一方被宣告失踪，另一方提起离婚诉讼的，应当准予离婚。第二，经人民法院判决不准离婚后，双方又分居满 1 年，一方再次提起离婚诉讼的，应当准予离婚。（第 1079 条）

75. 离婚后未成年子女归谁抚养?

离婚后，不满两周岁的子女，以由母亲直接抚养为原则。已满两周岁的子女，父母双方对抚养问题协议不成的，由人民法院根据双方的具体情况，按照最有利于未成年子女的原则判决。子女已满 8 周岁的，应当尊重其真实意愿。父母与子女间的关系，不因父母离婚而消除。离婚后，子女无论由父或者母直接抚养，仍是父母双方的子女。离婚后，父母对于子女仍有抚养、教育、保护的权利和义务。（第 1084 条）

提示：第一，有负担能力的祖父母、外祖父母，对于父母已经死亡或者父母无力抚养的未成年孙子女、外孙子女，有抚养义务。第二，离婚后，子女由一方直接抚养的，另一方应当负担部分或者全部抚养费。负担费用的多少和期限的长短，由双方协议；协议不成的，由人民法院判决。前款规定的协议或者判决，不妨碍子女在必要时向父母任何一方提出超过协议或者判决原定数额的合理要求。（第 1074 条，第 1085 条）

76. 离婚后父母的探望权如何行使?

离婚后，不直接抚养子女的父或者母，有探望子女的权利，另一方有协助的义务。

行使探望权利的方式、时间由当事人协议；协议不成的，由人

民法院判决。（第 1086 条）

提示：父或者母探望子女，不利于子女身心健康的，由人民法院依法中止探望；中止的事由消失后，应当恢复探望。（第 1086 条）

77. 离婚时夫妻共同财产应如何处理？

离婚时，夫妻的共同财产由双方协议处理；协议不成的，由人民法院根据财产的具体情况，按照照顾子女、女方和无过错方权益的原则判决。对夫或者妻在家庭土地承包经营中享有的权益等，应当依法予以保护。（第 1087 条）

提示：夫妻一方隐藏、转移、变卖、毁损、挥霍夫妻共同财产，或者伪造夫妻共同债务企图侵占另一方财产的，在离婚分割夫妻共同财产时，对该方可以少分或者不分。离婚后，另一方发现有上述行为的，可以向人民法院提起诉讼，请求再次分割夫妻共同财产。（第 1092 条）

78. 法律是如何规定离婚经济补偿与离婚经济帮助的？

离婚经济补偿：夫妻一方因抚育子女、照料老年人、协助另一方工作等负担较多义务的，离婚时有权向另一方请求补偿，另一方应当给予补偿。具体办法由双方协议；协议不成的，由人民法院判决。（第 1088 条）

离婚经济帮助：离婚时，如果一方生活困难，有负担能力的另一方应当给予适当帮助。具体办法由双方协议；协议不成的，由人民法院判决。（第 1090 条）

提示：第一，离婚经济补偿遵循权利义务对等原则，只有当一方对婚姻承担了较多义务时，才有权向对方请求补偿。第二，离婚经济帮助适用于离婚时存在生活困难的情形，无论其在婚姻中贡献大小。

79. 什么情形下可以请求离婚损害赔偿？

有下列情形之一，导致离婚的，无过错方有权请求损害赔偿：（一）重婚；（二）与他人同居；（三）实施家庭暴力；（四）虐待、遗弃家庭成员；（五）有其他重大过错。（第 1091 条）

提示：第一，在离婚案件中，无过错方对确有过错方是否提起损害赔偿，由受损害的无过错方自行决定，法院不能主动判决离婚损害赔偿。第二，离婚损害赔偿包括财产损害、人身损害和精神损害赔偿。

80. 怎样办理收养登记？

收养应当向县级以上人民政府民政部门登记。收养关系自登记之日起成立。收养查找不到生父母的未成年人的，办理登记的民政部门应当在登记前予以公告。（第 1105 条）

提示：第一，收养关系当事人愿意签订收养协议的，可以签订收养协议。第二，收养关系当事人各方或者一方要求办理收养公证的，应当办理收养公证。（第 1105 条）

六、继承

81. 继承从什么时候开始？

继承从被继承人死亡时开始。相互有继承关系的数人在同一事件中死亡，难以确定死亡时间的，推定没有其他继承人的人先死亡。都有其他继承人，辈份不同的，推定长辈先死亡；辈份相同的，推定同时死亡，相互不发生继承。（第 1121 条）

提示：第一，自然人的出生时间和死亡时间，以出生证明、死亡证明记载的时间为准；没有出生证明、死亡证明的，以户籍登记或者其他有效身份登记记载的时间为准。有其他证据足以推翻以上记载时间的，以该证据证明的时间为准。第二，被宣告死亡的人，人民法院宣告死亡的判决作出之日视为其死亡的日期；因意外事件下落不明宣告死亡的，意外事件发生之日视为其死亡的日期。（第 15 条，第 48 条）

82. 遗产的范围有哪些？

遗产是自然人死亡时遗留的个人合法财产。（第 1122 条）

提示：第一，遗产必须是个人的财产。如果存在由被继承人占有的尚未分割的财产，则应当先对该财产进行分割，再确定被继承人的个人财产范围。第二，依照法律规定或者根据其性质不得继承的遗产，不得继承。（第 1122 条）

保险受益人获得的保险理赔款不属于遗产，以家庭承包的方式承包的土地也不属于遗产，吊唁金、丧葬费及抚恤金等一般属于单位给予死者近亲属生活或处理过世事宜的补助，也不属于遗产范围。

83. 继承的顺序是什么？

继承开始后，按照法定继承办理；有遗嘱的，按照遗嘱继承或者遗赠办理；有遗赠扶养协议的，按照协议办理。（第 1123 条）

提示：如果同时存在法定继承、遗嘱继承和遗赠扶养协议的情形，则优先适用遗赠扶养协议，然后再适用遗嘱，最后按照法定继承来进行。

84. 继承人放弃继承应当采用怎样的方式？

继承开始后，继承人放弃继承的，应当在遗产处理前，以书面形式作出放弃继承的表示；没有表示的，视为接受继承。

提示：受遗赠人应当在知道受遗赠后 60 日内，作出接受或者放弃受遗赠的表示；到期没有表示的，视为放弃受遗赠。（第 1124 条）

85. 什么情况下继承人丧失继承权？

（一）故意杀害被继承人；（二）为争夺遗产而杀害其他继承人；（三）遗弃被继承人，或者虐待被继承人情节严重；（四）伪造、篡改、隐匿或者销毁遗嘱，情节严重；（五）以欺诈、胁迫手段迫使或者妨碍被继承人设立、变更或者撤回遗嘱，情节严重。

提示：第一，继承人有上述第三项至第五项行为，确有悔改表现，被继承人表示宽恕或者事后在遗嘱中将其列为继承人的，该继承人不丧失继承权。第二，受遗赠人有上述第一项至第五项行为的，丧失受遗赠权。（第 1125 条）

86. 法定继承的顺序是什么？

（一）第一顺序：配偶、子女、父母；（二）第二顺序：兄弟姐妹、祖父母、外祖父母。继承开始后，由第一顺序继承人继承，第二顺序继承人不继承；没有第一顺序继承人继承的，由第二顺序继承人继承。（第 1127 条）

提示：丧偶儿媳对公婆，丧偶女婿对岳父母，尽了主要赡养义

务的，作为第一顺序继承人。（第 1129 条）

87. 什么是代位继承？

被继承人的子女先于被继承人死亡的，由被继承人的子女的直系晚辈血亲代位继承。被继承人的兄弟姐妹先于被继承人死亡的，由被继承人的兄弟姐妹的子女代位继承。代位继承人一般只能继承被代位继承人有权继承的遗产份额。（第 1128 条）

提示：代位继承只发生在法定继承的情况下，遗嘱继承、遗赠、遗赠扶养协议均不适用代位继承。（第 1154 条）

88. 法定继承的遗产份额如何分配？

同一顺序继承人继承遗产的份额，一般应当均等。对生活有特殊困难又缺乏劳动能力的继承人，分配遗产时，应当予以照顾。对被继承人尽了主要扶养义务或者与被继承人共同生活的继承人，分配遗产时，可以多分。有扶养能力和有扶养条件的继承人，不尽扶养义务的，分配遗产时，应当不分或者少分。继承人协商同意的，也可以不均等。（第 1130 条）

提示：第一，对继承人以外的依靠被继承人扶养的人，或者继承人以外的对被继承人扶养较多的人，可以分给适当的遗产。第二，夫妻共同所有的财产，除有约定的外，遗产分割时，应当先将共同所有的财产的一半分出为配偶所有，其余的为被继承人的遗产。遗产在家庭共有财产之中的，遗产分割时，应当先分出他人的财产。第三，遗产分割时，应当保留胎儿的继承份额。胎儿娩出时是死体的，保留的份额按照法定继承办理。（第 1131 条，第 1153 条，第 1155 条）

89. 什么样的遗嘱是有效遗嘱？

按照以下方式订立的遗嘱为有效遗嘱：自书遗嘱由遗嘱人亲笔书写，签名，注明年、月、日。代书遗嘱应当有两个以上见证人在场见证，由其中一人代书，并由遗嘱人、代书人和其他见证人签名，注明年、月、日。打印遗嘱应当有两个以上见证人在场见证。遗嘱人和见证人应当在遗嘱每一页签名，注明年、月、日。以录音录像形式立的遗嘱，应当有两个以上见证人在场见证。遗嘱人和见证人应当在录音录像中记录其姓名或者肖像，以及年、月、日。遗嘱人在危急情况下，可以立口头遗嘱。口头遗嘱应当有两个以上见证人在场见证。危急情况消除后，遗嘱人能够以书面或者录音录像形式立遗嘱的，所立的口头遗嘱无效。公证遗嘱由遗嘱人经公证机构办理。（第1134—1139条）

提示：第一，立有数份遗嘱，内容相抵触的，以最后的遗嘱为准。第二，遗嘱人可以撤回、变更自己所立的遗嘱，立遗嘱后，遗嘱人实施与遗嘱内容相反的民事法律行为的，视为对遗嘱相关内容的撤回。（第1142条）

90. 什么样的遗嘱是无效遗嘱？

无民事行为能力人或者限制民事行为能力人所立的遗嘱无效。遗嘱必须表示遗嘱人的真实意思，受欺诈、胁迫所立的遗嘱无效。伪造的遗嘱无效。遗嘱被篡改的，篡改的内容无效。（第1143条）

无民事行为能力人、限制民事行为能力人以及其他不具有见证能力的人，继承人、受遗赠人以及与继承人、受遗赠人有利害关系的人，不能作为见证人，否则遗嘱无效。（第1140条）

提示： 遗嘱无效的主要情形还包括：第一，不符合遗嘱法定形式要件的遗嘱。第二，未为缺乏劳动能力又没有生活来源的继承人保留必要的遗产份额的遗嘱。第三，处分了不属于自己财产的遗嘱。第四，内容自相矛盾或含糊不清的遗嘱。

91. 怎样确定遗产管理人？

继承开始后，遗嘱执行人为遗产管理人；没有遗嘱执行人的，继承人应当及时推选遗产管理人；继承人未推选的，由继承人共同担任遗产管理人；没有继承人或者继承人均放弃继承的，由被继承人生前住所地的民政部门或者村民委员会担任遗产管理人。（第1145条）

提示： 对遗产管理人的确定有争议的，利害关系人可以向人民法院申请指定遗产管理人。（第1146条）

92. 遗产分割的原则和方法是什么？

遗产分割应当有利于生产和生活需要，不损害遗产的效用。

不宜分割的遗产，可以采取折价、适当补偿或者共有等方法处理。遗产分割时，应当保留胎儿的继承份额。胎儿娩出时是死体的，保留的份额按照法定继承办理。分割遗产，应当清偿被继承人依法应当缴纳的税款和债务；但是，应当为缺乏劳动能力又没有生活来源的继承人保留必要的遗产。（第1155—1156条，第1159条）

提示： 第一，无人继承又无人受遗赠的遗产，归国家所有，用于公益事业；死者生前是集体所有制组织成员的，归所在集体所有制组织所有。第二，继承人以所得遗产实际价值为限清偿被继承人依法应当缴纳的税款和债务。超过遗产实际价值部分，继承人自愿

偿还的不在此限。继承人放弃继承的，对被继承人依法应当缴纳的税款和债务可以不负清偿责任。（第 1160—1161 条）

93. 遗赠扶养协议及其主要内容是什么？

自然人可以与继承人以外的组织或者个人签订遗赠扶养协议。根据协议，该组织或者个人承担该自然人生养死葬的义务，享有受遗赠的权利。（第 1158 条）

提示：遗赠扶养协议的效力优先于遗嘱和法定继承，其主要内容应当包括：协议双方当事人的基本信息；扶养人的义务，也就是受扶养人的权利；受扶养人的义务，也就是扶养人的权利；协议的解除；争议解决条款。

七、侵权责任

94. 行为人因过错侵犯他人民事权益，是否承担侵权责任？

行为人因过错侵害他人民事权益造成损害的，应当承担侵权责任。（第 1165 条）

提示：第一，依照法律规定推定行为人有过错，其不能证明自己没有过错的，应当承担侵权责任。第二，行为人造成他人民事权益损害，不论行为人有无过错，法律规定应当承担侵权责任的，依照其规定。第三，被侵权人对同一损害的发生或者扩大有过错的，可以减轻侵权人的责任。（第 1165—1166 条，第 1173 条）

95. 什么是法律上的自甘风险？

自愿参加具有一定风险的文体活动，因其他参加者的行为受到损害的，受害人不得请求其他参加者承担侵权责任。但是，其他参加者对损害的发生有故意或者重大过失的除外。（第 1176 条）

提示：第一，文体活动的参加者，明知活动本身具有一定的风险仍自愿参加，在活动中受到其他参加者的损害时，其他参加者免责。第二，如果损害是因其他参加者故意或重大过失行为造成的，则应当根据双方的过错程度，确定损害责任的承担。

96. 人身损害赔偿的赔偿范围是什么？

侵害他人造成人身损害的，应当赔偿医疗费、护理费、交通费、营养费、住院伙食补助费等为治疗和康复支出的合理费用，以及因误工减少的收入。造成残疾的，还应当赔偿辅助器具费和残疾赔偿金；造成死亡的，还应当赔偿丧葬费和死亡赔偿金。（第 1179 条）

提示：第一，因同一侵权行为造成多人死亡的，可以以相同数额确定死亡赔偿金。第二，被侵权人死亡的，其近亲属有权请求侵权人承担侵权责任。第三，被侵权人死亡的，支付被侵权人医疗费、丧葬费等合理费用的人有权请求侵权人赔偿费用。（第 1180—1181 条）

97. 侵害人身权益造成财产损失的赔偿数额如何确定？

侵害他人人身权益造成财产损失的，按照被侵权人因此受到的损失或者侵权人因此获得的利益赔偿；被侵权人因此受到的损失以及侵权人因此获得的利益难以确定，被侵权人和侵权人就赔偿数额

协商不一致，向人民法院提起诉讼的，由人民法院根据实际情况确定赔偿数额。（第 1182 条）

提示：侵权人不能因为没有获利或者获利难以计算就不负赔偿责任，此时的赔偿数额由法院根据侵权人的过错程度、具体侵权行为和方式、造成的后果和影响等确定。

98. 什么情形下可以获得精神损害赔偿?

侵害自然人人身权益造成严重精神损害的，被侵权人有权请求精神损害赔偿。

因故意或者重大过失侵害自然人具有人身意义的特定物造成严重精神损害的，被侵权人有权请求精神损害赔偿。（第 1183 条）

提示：第一，被侵权人因侵权行为死亡的，其近亲属有权主张精神损害赔偿。第二，“具有人身意义的特定物”主要指：与近亲属死者相关、与结婚礼仪相关及与家族祖先相关的特定纪念物品等。

99. 无民事行为能力人和限制民事行为能力人致人损害，其监护人如何承担责任?

无民事行为能力人、限制民事行为能力人造成他人损害的，由监护人承担侵权责任。监护人尽到监护职责的，可以减轻其侵权责任。

提示：有财产的无民事行为能力人、限制民事行为能力人造成他人损害的，从本人财产中支付赔偿费用；不足部分，由监护人赔偿。（第 1188 条）

100. 员工在工作中致人损害，用人单位承担责任吗？

用人单位的工作人员因执行工作任务造成他人损害的，由用人单位承担侵权责任。用人单位承担侵权责任后，可以向有故意或者重大过失的工作人员追偿。

提示：劳务派遣期间，被派遣的工作人员因执行工作任务造成他人损害的，由接受劳务派遣的用工单位承担侵权责任；劳务派遣单位有过错的，承担相应的责任。（第 1191 条）

101. 个人之间劳务关系中的侵权责任如何承担?

个人之间形成劳务关系，提供劳务一方因劳务造成他人损害的，由接受劳务一方承担侵权责任。接受劳务一方承担侵权责任后，可以向有故意或者重大过失的提供劳务一方追偿。提供劳务一方因劳务受到损害的，根据双方各自的过错承担相应的责任。

提示：提供劳务期间，因第三人的行为造成提供劳务一方损害的，提供劳务一方有权请求第三人承担侵权责任，也有权请求接受劳务一方给予补偿。接受劳务一方补偿后，可以向第三人追偿。（第 1192 条）

102. 网络侵权责任如何承担?

网络用户、网络服务提供者利用网络侵害他人民事权益的，应当承担侵权责任。法律另有规定的，依照其规定。（第 1194 条）

提示：第一，网络用户利用网络服务实施侵权行为的，权利人有权通知网络服务提供者采取删除、屏蔽、断开链接等必要措施。通知应当包括构成侵权的初步证据及权利人的真实身份信息。第二，网络服务提供者接到通知后，应当及时将该通知转送相关网络用户，并根据构成侵权的初步证据和服务类型采取必要措施；未及时采取必要措施的，对损害的扩大部分与该网络用户承担连带责任。第三，权利人因错误通知造成网络用户或者网络服务提供者损害的，应当承担侵权责任。法律另有规定的，依照其规定。第四，网络服务提供者知道或者应当知道网络用户利用其网络服务侵害他人民事权益，未采取必要措施的，与该网络用户承担连带责任。（第 1195 条，第 1197 条）

103. 什么是经营场所、公共场所的安全保障责任？

宾馆、商场、银行、车站、机场、体育场馆、娱乐场所等经营场所、公共场所的经营者、管理者或者群众性活动的组织者，未尽到安全保障义务，造成他人损害的，应当承担侵权责任。

提示：因第三人的行为造成他人损害的，由第三人承担侵权责任；经营者、管理者或者组织者未尽到安全保障义务的，承担相应的补充责任。经营者、管理者或者组织者承担补充责任后，可以向第三人追偿。（第 1198 条）

104. 发生校园伤害时，教育机构应当承担怎样的责任？

无民事行为能力人在幼儿园、学校或者其他教育机构学习、生活期间受到人身损害的，幼儿园、学校或者其他教育机构应当承担侵权责任；但是，能够证明尽到教育、管理职责的，不承担侵权责任。限制民事行为能力人在学校或者其他教育机构学习、生活期间受到人身损害，学校或者其他教育机构未尽到教育、管理职责的，应当承担侵权责任。（第 1199—1200 条）

提示：无民事行为能力人或者限制民事行为能力人在幼儿园、学校或者其他教育机构学习、生活期间，受到幼儿园、学校或者其他教育机构以外的第三人人身损害的，由第三人承担侵权责任；幼儿园、学校或者其他教育机构未尽到管理职责的，承担相应的补充责任。幼儿园、学校或者其他教育机构承担补充责任后，可以向第三人追偿。（第 1201 条）

105. 因产品缺陷致人损害，责任如何承担？

因产品存在缺陷造成他人损害的，生产者应当承担侵权责任。被侵权人可以向产品的生产者请求赔偿，也可以向产品的销售者请求赔偿。产品缺陷由生产者造成的，销售者赔偿后，有权向生产者追偿。因销售者的过错使产品存在缺陷的，生产者赔偿后，有权向销售者追偿。（第 1202—1203 条）

提示：第一，因运输者、仓储者等第三人的过错使产品存在缺陷，造成他人损害的，产品的生产者、销售者赔偿后，有权向第三人追偿。第二，因产品缺陷危及他人人身、财产安全的，被侵权人有权请求生产者、销售者承担停止侵害、排除妨碍、消除危险等侵权责任。（第 1204—1205 条）

106. 借用他人机动车发生交通事故，责任如何承担？

因租赁、借用等情形机动车所有人、管理人与使用人不是同一人时，发生交通事故造成损害，属于该机动车一方责任的，由机动车使用人承担赔偿责任；机动车所有人、管理人对损害的发生有过错的，承担相应的赔偿责任。（第 1209 条）

提示：机动车发生交通事故造成损害，属于该机动车一方责任的，先由承保机动车强制保险的保险人在强制保险责任限额范围内予以赔偿；不足部分，由承保机动车商业保险的保险人按照保险合同的约定予以赔偿；仍然不足或者没有投保机动车商业保险的，由侵权人赔偿。（第 1213 条）

107. 好意同乘发生交通事故造成损害，责任如何承担？

非营运机动车发生交通事故造成无偿搭乘人损害，属于该机动车一方责任的，应当减轻其赔偿责任，但是机动车使用人有故意或者重大过失的除外。（第 1217 条）

提示：第一，机动车一方出于助人的好意，免费搭载他人，对机动车一方减轻赔偿责任。第二，好意同乘不适用于营运机动车。

108. 医疗损害责任如何承担？

患者在诊疗活动中受到损害，医疗机构或者其医务人员有过错的，由医疗机构承担赔偿责任。（第 1218 条）

提示：第一，患者在诊疗活动中受到损害，有下列情形之一的，推定医疗机构有过错：（一）违反法律、行政法规、规章以及其他有关诊疗规范的规定；（二）隐匿或者拒绝提供与纠纷有关的病历资料；（三）遗失、伪造、篡改或者违法销毁病历资料。第二，医疗机构及其医务人员应当按照规定填写并妥善保管住院志、医嘱单、检验报告、手术及麻醉记录、病理资料、护理记录等病历资料。患者要求查阅、复制前款规定的病历资料的，医疗机构应当及时提供。（第 1222 条，第 1225 条）

109. 环境污染和生态破坏责任如何承担？

因污染环境、破坏生态造成他人损害的，侵权人应当承担侵权责任。违反国家规定造成生态环境损害，生态环境能够修复的，国家规定的机关或者法律规定的组织有权请求侵权人在合理期限内承担修复责任。（第 1229 条，第 1234 条）

提示：因污染环境、破坏生态发生纠纷，行为人应当就法律规定的不承担责任或者减轻责任的情形及其行为与损害之间不存在因果关系承担举证责任。（第 1230 条）

110. 饲养动物致害责任如何承担？

饲养的动物造成他人损害的，动物饲养人或者管理人应当承担侵权责任；但是，能够证明损害是因被侵权人故意或者重大过失造成的，可以不承担或者减轻责任。（第 1245 条）

提示：第一，违反管理规定，未对动物采取安全措施造成他人损害的，动物饲养人或者管理人应当承担侵权责任；但是，能够证明损害是因被侵权人故意造成的，可以减轻责任。第二，禁止饲养的烈性犬等危险动物造成他人损害的，动物饲养人或者管理人应当承担侵权责任。第三，动物园的动物造成他人损害的，动物园应当承担侵权责任；但是，能够证明尽到管理职责的，不承担侵权责任。（第 1246—1248 条）

111. 建筑设施倒塌致人损害，责任如何承担？

建筑物、构筑物或者其他设施倒塌、塌陷造成他人损害的，由建设单位与施工单位承担连带责任，但是建设单位与施工单位能够证明不存在质量缺陷的除外。

提示：第一，建设单位、施工单位赔偿后，有其他责任人的，有权向其他责任人追偿。第二，因所有人、管理人、使用人或者第三人的原因，建筑物、构筑物或者其他设施倒塌、塌陷造成他人损害的，由所有人、管理人、使用人或者第三人承担侵权责任。（第1252条）

112. 建筑设施上的悬挂物脱落致人损害，责任如何承担？

建筑物、构筑物或者其他设施及其搁置物、悬挂物发生脱落、坠落造成他人损害，所有人、管理人或者使用人不能证明自己没有过错的，应当承担侵权责任。

提示：所有人、管理人或者使用人赔偿后，有其他责任人的，有权向其他责任人追偿。（第1253条）

113. 高空抛物致害，责任如何承担？

从建筑物中抛掷物品或者从建筑物上坠落的物品造成他人损害的，由侵权人依法承担侵权责任；经调查难以确定具体侵权人的，除能够证明自己不是侵权人的外，由可能加害的建筑物使用人给予补偿。可能加害的建筑物使用人补偿后，有权向侵权人追偿。

提示：第一，禁止从建筑物中抛掷物品。发生上述情形，公安机关应当依法及时调查，查清责任人。第二，物业服务企业等建筑物管理人应当采取必要的安全保障措施防止上述情形的发生；未采取必要的安全保障措施的，应当依法承担未履行安全保障义务的侵权责任。（第1254条）

关键词索引

致　谢

这本书的出版，有赖于各位专家和朋友的鼓励与支持。

感谢杜万华大法官和黄闽社长为本书作序并给予指导，感谢胡云腾会长的关心和鼎力推荐，感谢蒋月教授审阅修正书稿并倾情撰写推荐语。

感谢我的最佳搭档戴一宁为本书绘制的精彩漫画。

感谢刘然、刘帅军和黄彬洁三位律师对本书内容进行的审核校订，感谢资深编辑张琳博士对书稿所作的审读加工。

感谢法律出版社张雪纯副总编辑、应用分社冯雨春分社长的大力支持，感谢应用分社朱海波分社长助理的出版建议和精心策划，感谢杨雨晴编辑的辛勤工作。

感谢所有为本书的编写、出版热情相助的亲朋好友们！

最后，要特别感谢此时此刻阅读本书的各位读者。让读者满意，是作者和出版者努力的目标，希望这本书能对您的生活有所助益。

王晓增

2025 年 1 月于北京